Auf die Schnelle

D1927613

Android Smartphones optimal nutzen

Wolfram Gieseke

DATA BECKER

Copyright	© DATA BECKER GmbH & Co. KG Merowingerstr. 30 40223 Düsseldorf
Reihenkonzeption	Peter Meisner
Produktmanagement	Peter Meisner
Umschlaggestaltung	Inhouse-Agentur DATA BECKER
Layout	Jana Scheve
Textbearbeitung und Gestaltung	Thorsten Schlosser, Kreuztal (www.buchsetzer.de)
Produktionsleitung	Claudia Lötschert
Druck	fgb • freiburger graphische betriebe (www.fgb.de)

ISBN 978-3-8158-1784-1

Wichtiger Hinweis

Die in diesem Buch wiedergegebenen Verfahren und Programme werden ohne Rücksicht auf die Patentlage mitgeteilt. Sie sind für Amateur- und Lehrzwecke bestimmt.

Alle technischen Angaben und Programme in diesem Buch wurden vom Autor mit größter Sorgfalt erarbeitet bzw. zusammengestellt und unter Einschaltung wirksamer Kontrollmaßnahmen reproduziert. Trotzdem sind Fehler nicht ganz auszuschließen. DATA BECKER sieht sich deshalb gezwungen, darauf hinzuweisen, dass weder eine Garantie noch die juristische Verantwortung oder irgendeine Haftung für Folgen, die auf fehlerhafte Angaben zurückgehen, übernommen werden kann. Für die Mitteilung eventueller Fehler ist der Autor jederzeit dankbar.

Wir weisen darauf hin, dass die im Buch verwendeten Soft- und Hardwarebezeichnungen und Markennamen der jeweiligen Firmen im Allgemeinen warenzeichen-, marken- oder patentrechtlichem Schutz unterliegen.

Inhalt

Quickfinder

... für Eilige

... für Einsteiger

... für Genießer

... für Kenner & Könner

1. Schnelleinstieg: Ihr Android-Smartphone individuell einrichten und optimal bedienen

Die ersten Schritte mit einem neuen Android-Smartphone sind dank intuitiver Touchscreen-Steuerung schnell gemacht. Mit ein paar Kniffen wird aber auch dies erst so richtig komfortabel. Dann können Sie sich den Startbildschirm Ihres Geräts genau so einstellen, wie er Ihnen gefällt. Und schließlich will auch der Kontakt zur Außenwelt erst einmal hergestellt sein.

- Welche Bedienmöglichkeiten bietet der Touchscreen noch außer einfachem Antippen? ▶ Seite 12
- Wie finde ich zusätzliche Funktionen und Einstellungen? ▶ Seite 14
- Wie kann ich wichtige Apps schnell und direkt aufrufen? ▶ Seite 16
- Wie kann ich ein eigenes Hintergrundbild verwenden? ▶ Seite 18
- Wo und wie kann ich Infomationen wie entgangene Anrufe, SMS oder E-Mails direkt auf dem Bildschirm sehen? ▶ Seite 21
- Wie stelle ich die Verbindung zu meinem WLAN-Netzwerk her? ▶ Seite 24
- Wie koppele ich mein Smartphone mit Freisprechanlage oder Headset? ▶ Seite 28
- Wie kann ich WLAN und Bluetooth bequem ein- und ausschalten? ▶ Seite 28
- Wie kann ich unterwegs mobiles Internet nutzen? ▶ Seite 30
- Wie kann ich hohe Roaming-Gebühren im Ausland vermeiden? ▶ Seite 32

Wichtige Touch-Gesten für eine einfache und komfortable Bedienung

Die Bedienung per Touchscreen ist zunächst mal intuitiv und einfach: Man tippt auf dem Bildschirm ein Symbol, ein Menü oder ein Auswahlfeld an, um eine Funktion auszuführen. Ihr Touchscreen kann aber noch mehr. So finden sich viele Entsprechungen zu den Mausaktionen, die Sie von Ihrem PC kennen.

Wischen statt scrollen

Auf das kleine Smartphone-Display passt längst nicht immer alles drauf. Wo Sie beim PC mit der Maus scrollen würden, können Sie beim Touchscreen wischen: Sie setzen den Finger auf den Bildschirm und ziehen ihn dann in die Richtung, in die sich der Inhalt bewegen soll. Das funktioniert bei längeren Webseiten oder E-Mails, aber z. B. auch in Menüs mit Befehlslisten.

Tipp: Wenn Ihnen irgendwo Inhalt „fehlt“, wischen Sie einfach mal auf Verdacht hin und her. Vielleicht geht es in einer Richtung noch weiter.

Länger Antippen statt rechte Maustaste

Neben dem einfachen kurzen Antippen können viele Objekte auch länger angetippt werden. Sie setzen also den Finger darauf und lassen ihn ein paar Sekunden dort ruhen, bis etwa ein Menü angezeigt wird oder Sie eine haptische Rückmeldung durch eine kurze Vibration erhalten.

Tipp: Durch längeres Antippen lassen sich in vielen Situationen Kontextmenüs mit zusätzlichen Funktionen öffnen (siehe Seite 15).

Doppeltipp statt Doppelklick

Auch eine Entsprechung für den Doppelklick gibt es bei Android. Das Doppeltippen wird vom Betriebssystem selbst allerdings nur selten genutzt. Apps aber können auf diese Funktion zurückgreifen.

Tipp: Wenn Sie im Webbrowser doppeltippen, wird der Inhalt einer Webseite automatisch optimal an die Bildschirmgröße angepasst.

Multitouch-Gesten für Zoom und Rotieren

Fast alle neueren Android-Smartphones unterstützen Multitouch-Gesten, bei denen Sie den Bildschirm gleich mit mehreren Fingern berühren. Das ermöglicht weitere, intuitive Funktionen. So lässt sich z. B. das Vergrößern (Zoomen) von Bildschirminhalten erledigen:

1. Platzieren Sie zwei Fingerspitzen – praktisch sind Daumen und Zeigefinger – dicht nebeneinander über dem zu verändernden Bildschirminhalt, z. B. über einem angezeigten Bild.
2. Bewegen Sie die Fingerspitzen auf dem Bildschirm auseinander, um den Inhalt zu vergrößern, sozusagen auseinanderzuziehen. Die Veränderung erfolgt in Echtzeit unter Ihren Fingerspitzen.

3. Haben Sie die gewünschte Vergrößerung erreicht, nehmen Sie beide Finger gleichzeitig vom Bildschirm weg. Der Inhalt bleibt in der eingestellten Darstellung.

Verkleinern funktioniert genau umgekehrt: Setzen Sie die Fingerspitzen möglichst weit voneinander entfernt auf und ziehen Sie sie dann aufeinander zu.

Auch das Rotieren von Bildern können Sie per Multitouch-Geste erledigen. Platzieren Sie wiederum zwei Fingerspitzen zugleich auf dem Bild und führen Sie damit eine rotierende Bewegung in die gewünschte Richtung aus. Das Bild dreht sich unter Ihren Fingern mit.

Zusätzliche Funktionen entdecken: versteckte Kontextmenüs nutzen

Auf den ersten Blick enthüllt sich nur ein Teil der Funktionen Ihres Android-Smartphones. Speziellere oder seltener genutzte Funktionen verstecken sich im Kontextmenü, wo sie leicht übersehen werden.

Mehr Funktionen im Menü

In vielen Situationen bei der Bedienung von Android oder einer bestimmten App können Sie über ein Menü zusätzliche Funktionen abrufen. Android 2.x verwendet dazu eine Hardware-Taste bzw. eine feste Stelle auf dem Display.

Android 4.x hingegen kommt auch ohne spezielle Menütaste aus. Hier finden Sie das Menüsymbol in der Regel am rechten Bildschirmrand oben oder unten.

1 Ein Druck auf Menü-Taste bzw. das Symbol öffnet eine Liste mit zusätzlichen Funktionen. Dies können Sie z. B. mit der Google-Play-App testen.

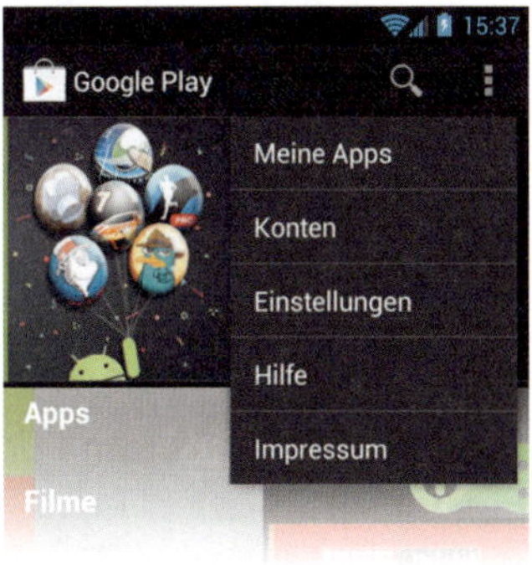

2 Hier wird ein Menü mit zusätzlichen Funktionen eingeblendet, mit dem Sie z. B. eine Liste der installierten Apps abrufen oder Ihre Konten überprüfen können.

3 Achten Sie bei älteren Android-Versionen auf die Schaltfläche *Mehr*. Dahinter verbergen sich weitere Funktionen, die nicht mehr in das Hauptmenü passen.

Kontextmenüs für Objekte

Auch einzelne Objekte auf dem Startbildschirm oder innerhalb einer App können ein Kontextmenü haben, das zusätzliche Funktionen beinhaltet. Ein gutes Beispiel dafür ist die Bildergalerie:

1 Wenn Sie in der Bilderübersicht ein Bild kurz Antippen, wird es geöffnet.

2 Tippen Sie es hingegen länger an, zeigt Android ein Kontextmenü an, in dem Sie Funktionen für dieses spezifische Elemente vorfinden:

- Bei Android 4.x finden Sie dieses Kontextmenü als Symbolleiste am oberen und/oder unteren Rand des Bildschirms.

- Bei älteren Android-Versionen wird auch dieses Kontextmenü als klassische Liste auf dem Bildschirm eingeblendet. Achten Sie dabei ggf. auf eine schmale Laufleiste am rechten Rand. Sie zeigt an, dass Sie im Menü mit einer Wischbewegung nach unten wandern können, wo sich weitere Funktionen verbergen.

Oft genutzte Apps und Funktionen auf dem Bildschirm platzieren

Standardmäßig finden Sie alle Programme Ihres Smartphones in einem großen Ordner zusammengefasst, den Sie jederzeit mit dem zentralen App-Symbol bzw. der Home-Taste öffnen können. Häufig genutzte Apps sollten Sie direkt auf dem Startbildschirm platzieren, damit Sie schneller darauf zugreifen können.

1 Lassen Sie sich zunächst den Startbildschirm anzeigen, auf dem Sie die App platzieren möchten, und öffnen Sie dann mit dem App-Symbol den Anwendungsordner.

2 Tippen Sie hier die gewünschte App an und lassen Sie den Finger darauf, bis das Gerät automatisch wieder zum Startbildschirm wechselt.

3 Nun können Sie das Symbol der App mit dem Finger beliebig auf diesem Bildschirm platzieren. Lassen Sie an der passenden Stelle einfach los.

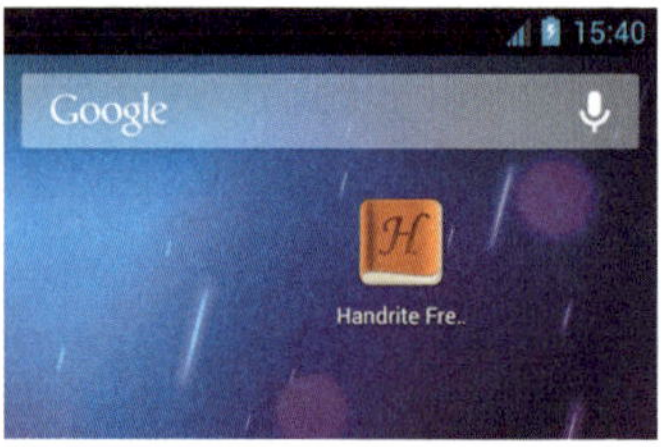

Tipp: Symbole auf dem Bildschirm verändern

Nach dem gleichen Prinzip können Sie die Positionen von Apps auf dem Bildschirm auch nachträglich beliebig verändern: Antippen, bis das Symbol erfasst ist, bewegen und an der gewünschten Stelle loslassen.

App-Symbole auf andere Startbildschirme verlegen

Die meisten Startbildschirme bestehen aus mehreren Seiten, durch die man sich von links nach rechts „durchwischen" kann. Apps lassen sich bequem auch nachträglich von einer Seite auf eine andere Seite verschieben:

1 Tippen Sie die App länger an, bis sie erfasst ist.

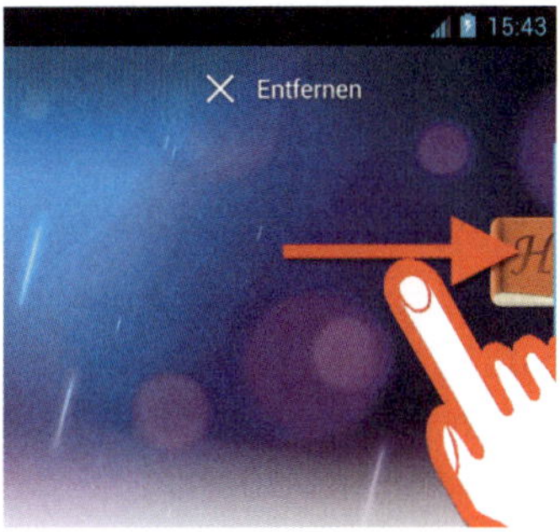

2 Ziehen Sie nun das Symbol mit dem Finger ganz an den linken bzw. rechten Rand des Bildschirms – je nachdem, wohin Sie die App verschieben möchten.

3 Der Bildschirm wechselt dann zu der entsprechenden Seite. Hier können Sie die App loslassen oder aber damit noch einen Bildschirm weiter wandern.

Apps wieder vom Startbildschirm verbannen

Wenn Sie eine App nicht mehr so oft nutzen oder einfach Platz für andere Apps oder Widgets benötigen, können Sie das Symbol einfach wieder vom Startbildschirm verbannen:

1 Tippen Sie das Symbol länger an, bis es erfasst ist.

2 In diesem Modus wird ganz oben auf dem Bildschirm automatisch ein *x*-Symbol angezeigt. Ziehen Sie das Symbol darauf. Bei älteren Android-Versionen ist es umgekehrt: Hier sehen Sie ganz unten ein Mülleimersymbol.

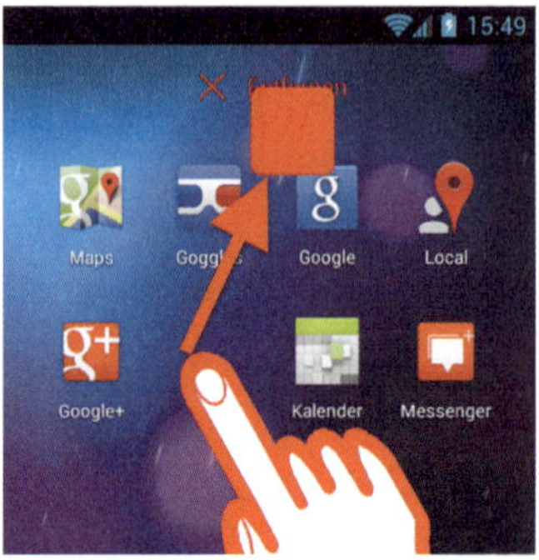

3 Liegt das Symbol passend auf dem Papierkorb, färbt es sich rot ein. Lassen Sie nun los, um das Symbol vom Bildschirm zu verbannen.

Über das Menü können Sie die App selbstverständlich wie gewohnt aufrufen.

Ihr eigenes Hintergrundbild mit „Scroll-Effekt"

Mit einem eigenen Hintergrundbild können Sie Ihr Android-Smartphone schnell und einfach personalisieren. Einige Besonderheiten sind aber zu beachten, damit es klappt und auch richtig gut aussieht.

Schnell & einfach: fertige Hintergründe verwenden

Android-Smartphones bringen meist schon eine Auswahl an fertigen Hintergründen mit, die perfekt auf das Gerät abgestimmt sind.

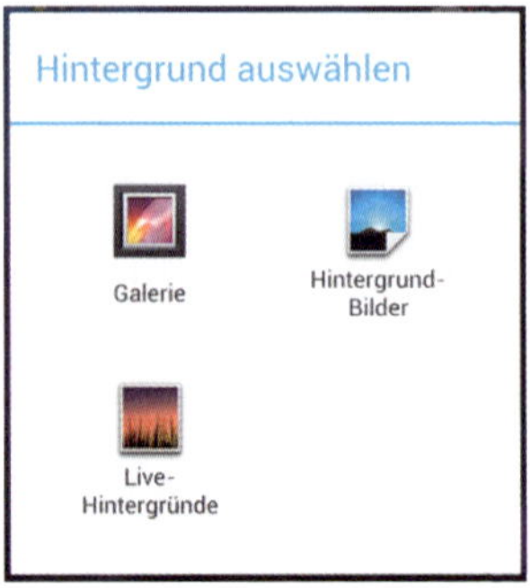

1 Tippen Sie lange auf eine freie Stelle des Startbildschirms und wählen Sie im Menü dann *Hintergrundbilder* aus. Bei älteren

Android-Versionen erreichen Sie diese Funktion über das Menü des Startbildschirms.

2 Im anschließenden Dialog werden die vorhandenen speziell für die Hintergrundgestaltung vorgesehenen Bilder angezeigt. Unten wischen Sie sich durch die Liste.

3 Haben Sie etwas Passendes gefunden, können Sie es mit der Schaltfläche ganz unten mit der gleichnamigen Funktion als Hintergrund festlegen.

Hinweis: Das optimale Bild für den Hintergrund

Um einen wirklich attraktiven Hintergrund zu erhalten, sollte das Bild nicht zu klein sein. Es sollte mindestens der Displaygröße Ihres Geräts entsprechen, am besten aber noch etwas breiter und ungefähr quadratisch sein. Dann wirkt der Scroll-Effekt beim Wischen durch die Startseiten am besten. Beim Motiv eignen sich Bilder mit wenigen Details wie Landschaften oder Texturen. Familienfotos sind meist nicht so schön, weil dann doch immer gerade irgendein Kopf oder Körper abgeschnitten ist. Außerdem lassen sich Symbole vor einem ruhigen Hintergrund besser erkennen.

Eigene Bilder als Hintergrund verwenden

Neben den mitgelieferten speziellen Hintergrundbildern können Sie auch eigene Bilder verwenden – entweder mit der Kamera selbst geschossene oder Bilddateien, die Sie online heruntergeladen oder vom PC auf das Gerät übertragen haben.

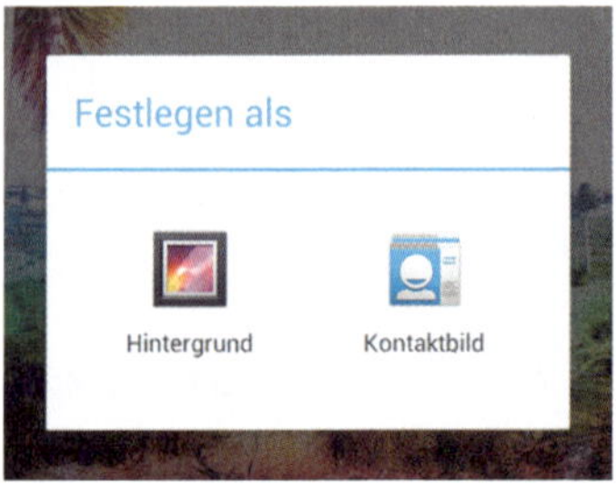

1 Während das Bild auf Ihrem Gerät angezeigt wird, öffnen Sie das Kontextmenü und wählen *Bild festlegen als* (tippen Sie zuvor ggf. auf *Mehr*).

2 Tippen Sie im anschließenden Dialog auf *Hintergrund*.

3 Nun können Sie einen Bildausschnitt wählen, der genau den Dimensionen für ein Hintergrundbild entspricht. Bewegen Sie dazu das Kästchen mit dem Finger an die gewünschte Position.

4 Um die Größe des Ausschnitts zu verändern, tippen Sie genau auf den Rahmen und ziehen diesen dann nach außen oder innen.

5 Mit *OK* (oder *Speichern*) legen Sie den Ausschnitt als Hintergrund fest. Die anschließenden Berechnungen können ein paar Sekunden dauern.

Wichtige Informationen mit Widgets stets im Blick

Der Android-Startbildschirm kann nicht nur Symbole zum Starten von Apps beinhalten, sondern auch Widgets für wichtige Informationen und Funktionen. Diese können Sie selbst auswählen und nach Ihren Wünschen konfigurieren.

Info: Was sind Widgets?

Widgets sind Mini-Apps, die direkt auf dem Startbildschirm angezeigt und genutzt werden können. Sie verraten wichtige Informationen wie eingegangene SMS oder Anrufe, zeigen die aktuelle Wetterprognose oder einfach die Uhrzeit. Sie können aber auch interaktiv sein und Funktionen bereitstellen, wie z. B. ein kleines Formular, aus dem sich direkt bei Google suchen lässt, oder die in Kapitel 8 vorgestellte schnelle Energiesteuerung.

Widgets bei Android 2.x

Da sich das Einfügen von Widgets zwischen älteren und neueren Android-Versionen wesentlich unterscheidet, stelle ich diesen wichtigen Vorgang in beiden Varianten kurz dar. So geht es bei älteren Android-Versionen:

1 Zeigen Sie einen Startbildschirm an, auf dem noch etwas Platz für weitere Elemente ist. Tippen Sie hier eine leere Stelle länger an.

2 Im dadurch angezeigten Dialog *Zum Startbildschirm hinzufügen* wählen Sie den Menüpunkt *Widgets*.

3 Sie erhalten dann eine Liste der verfügbaren Widgets für Ihr Smartphone. Welche Widgets genau vorhanden sind, hängt von der installierten Software ab. Einige Standard-Widgets von Android sind aber immer dabei.

Tipp: Widgets auf dem Bildschirm platzieren

Widgets lassen sich genau wie die Symbole für Apps auf dem Startbildschirm platzieren, von einer Bildschirmseite auf eine andere verschieben und mit dem Papierkorbsymbol wieder entfernen.

Widgets bei Android 3 und 4.x

Bei neueren Versionen entfällt die Trennung zwischen Apps und Widgets, und Sie können beides ganz ähnlich auf dem Startbildschirm platzieren.

1 Wählen Sie am besten zunächst einen Startbildschirm aus, auf dem noch Platz für weitere Elemente ist.

2 Tippen Sie dann mittig auf das App-Symbol, um die Liste der installierten Apps anzuzeigen.

3 Wählen Sie dort oben als Erstes die Kategorie *Widgets*.

4 Sie erhalten dann eine Übersicht der verfügbaren Widgets. Welche Widgets genau vorhanden sind, hängt von der installierten Software ab. Einige Standard-Widgets von Android sind aber immer dabei.

5 Mit Wischbewegungen können Sie sich horizontal durch die Liste bewegen. Wollen Sie eines der Widgets auf den Startbildschirm holen, tippen Sie lange darauf.

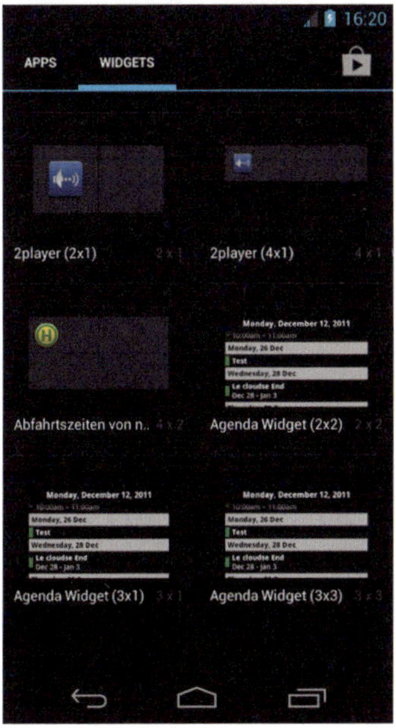

6 Dann wird der Startbildschirm angezeigt, und Sie können das Widget dort genauso wie ein App-Symbol platzieren. Auch hier wird der dafür benötigte Platz mit einem Kästchen angedeutet.

Info: Apps können Widgets mitbringen

Standardmäßig bringt Android nur einige wenige Widgets mit. Vielleicht hat der Hersteller Ihres Smartphones aber eigene dazugelegt. Außerdem können Sie weitere Widgets über den Play Store beziehen (siehe Kapitel 4). Vor allem aber können Apps ihre eigenen Widgets mitbringen, die spezielle Funktionen direkt auf dem Startbildschirm anbieten. Schauen Sie also immer mal wieder in die Widget-Liste hinein, wenn Sie neue Apps installiert haben.

Widgets auf dem Startbildschirm in beliebiger Größe

Während bei älteren Android-Versionen die Größe eines Widgets fest vorgegeben war, lassen sich bei aktuellen Versionen viele Widgets in der Größe anpassen und so in der Darstellung auf dem Startbildschirm optimieren.

1 Tippen Sie das Widget lange an, so als ob Sie es verschieben wollten. Lassen Sie es dann aber einfach wieder los.

2 Das Widget wird nun – sofern es sich zum Skalieren eignet – mit einem blauen Rand und einem Punkt an jeder Seite versehen.

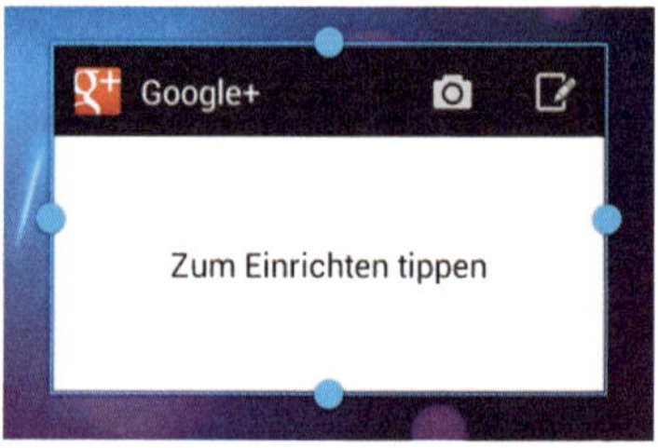

3 Diese Punkte können Sie nun antippen und bewegen, um so die Größe des Widgets auf dem Startbildschirm zu verändern.

4 Haben Sie die gewünschte Größe festgelegt, tippen Sie kurz auf eine freie Stelle des Startbildschirms, um den Rahmen des Widgets wieder zu entfernen.

So gelingt der Kontakt zum WLAN schnell und sicher

WLAN gehört zur Standardausstattung eines Android-Smartphones. Und ein Drahtlosnetzwerk zu Hause oder am Arbeitsplatz ist heutzutage schon beinahe selbstverständlich. Somit bietet diese Technik die einfachste, günstigste und leistungsfähigste Möglichkeit, Ihr Android-Gerät mit der Außenwelt zu verbinden.

Die WLAN-Funktion aktivieren

Grundvoraussetzung ist das Aktivieren der WLAN-Funktion, da diese ab Werk in den meisten Fällen erst einmal ausgeschaltet ist.

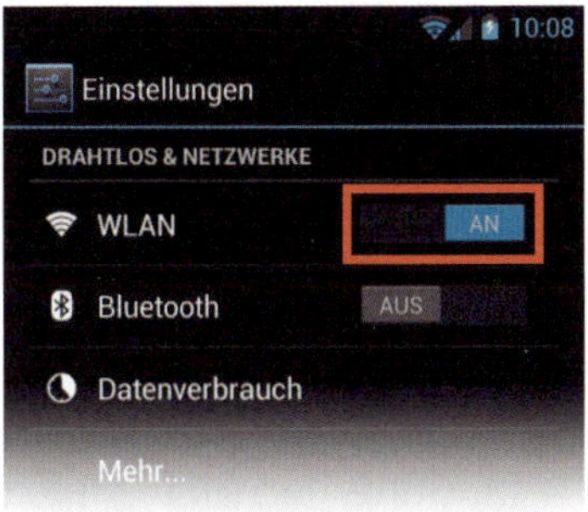

1 In den *Einstellungen* finden Sie ganz oben die Kategorie *Drahtlos und Netzwerke*.

2 Darin wiederum ist *WLAN* der oberste Menüpunkt. Tippen Sie dort rechts auf den angedeuteten Schalter, um die WLAN-Funktion Ihres Smartphones zu aktivieren.

3 Das Aktivieren dauert kurz, dann ist der Anschalter blau unterlegt, und Sie können Drahtlosnetzwerke verwenden.

WLAN bei Android 2.x

Öffnen Sie in den Einstellungen den Punkt *Drahtlos und Netzwerke* und tippen Sie dort auf WLAN, um den Zugang zu Drahtlosnetzwerken zu aktivieren.

Verbinden Sie sich mit einem Drahtlosnetzwerk

Wenn Sie sich in Reichweite eines Drahtlosnetzwerks befinden, können Sie eine Verbindung herstellen. Dies muss nur beim ersten Mal erfolgen. Anschließend stellt Android diese Verbindung automatisch wieder her, sobald dieses Netzwerk erneut in Reichweite ist.

1 Öffnen Sie wie vorangehend beschrieben die *Drahtlos und Netzwerke*-Einstellungen und wählen Sie diesmal den Menüpunkt *WLAN* .

2 Befinden sich Drahtlosnetzwerke in Reichweite, werden diese in der Liste angezeigt. Tippen Sie den gewünschten Eintrag an.

3 Handelt es sich um ein gesichertes Netzwerk, tippen Sie anschließend das Passwort dafür ein und tippen auf *Verbinden*.

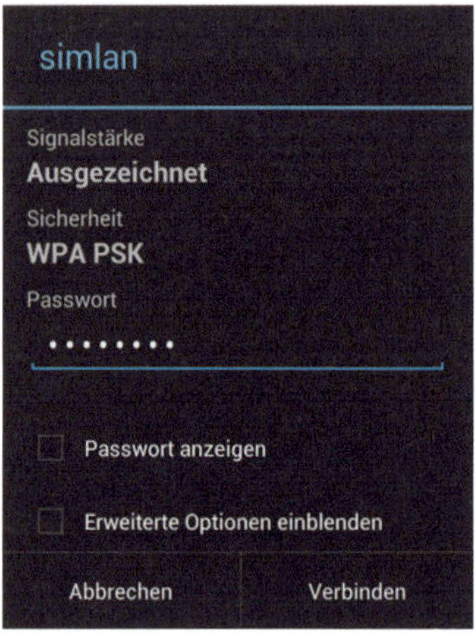

4 Android stellt dann die Verbindung her. Hat alles geklappt, finden Sie oben in der Statuszeile das WLAN-Symbol, das zugleich die Empfangsstärke dieser Verbindung verrät.

Eine einmal hergestellte Verbindung wird automatisch wiederhergestellt, wenn Sie sich das nächste Mal in der Reichweite dieses Netzes befinden.

Zu WLANs ohne SSID-Kennung verbinden

Wenn ein Drahtlosnetzwerk seine Netzwerk-ID nicht ausstrahlt, kann es nicht automatisch erkannt werden. In diesem Fall müssen Sie die Kennung wissen und eintippen, um die Verbindung herzustellen.

1 Tippen Sie in der *WLAN-Liste* ganz unten auf das +-Symbol (bzw. bei älteren Android-Versionen auf *WLAN-Netzwerk hinzufügen*).

2 Im folgenden Dialog können Sie zusätzlich die *Netzwerk-SSID* und den verwendeten Sicherheitsstandard angeben.

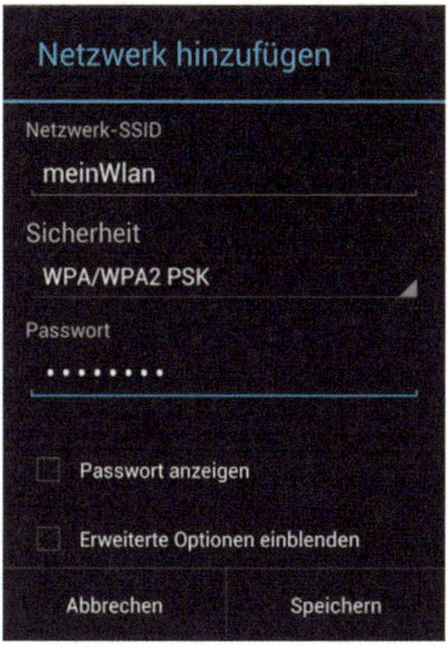

3 Dementsprechend wird ggf. ein weiteres Eingabefeld für das Passwort eingeblendet.

4 Tippen Sie dann auf *Speichern*. Befindet sich dieses Netzwerk in Reichweite, wird die Verbindung ggf. direkt hergestellt.

Besuchte WLANs aus der Liste entfernen

Ihr Smartphone merkt sich alle jemals besuchten Drahtlosnetzwerke, um die Verbindung hierzu ggf. sofort wieder herstellen zu können. Dadurch kann die Liste nach und nach sehr umfangreich werden. Vor allem aber kann das unerwünschte Nebenwirkungen haben, etwa wenn an einem Standort mehrere WLANs vorhanden sind und das Gerät sich automatisch mit dem falschen verbindet.

1 In der *WLAN*-Liste sind alle Drahtlosnetzwerke vermerkt, mit denen Sie bislang in Verbindung waren.

2 Drücken Sie länger auf den Eintrag eines WLANs, das Sie aus der Liste entfernen möchten.

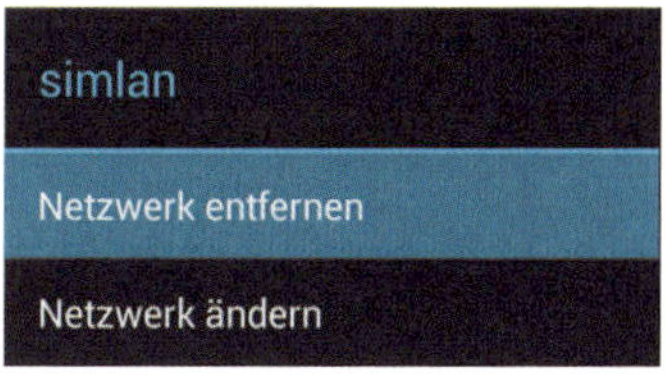

3 Wählen Sie im Menü den Befehl *Netzwerk entfernen*.

Bluetooth-Verbindungen mit Freisprechanlage, Headset & Co. herstellen

Mit der drahtlosen Bluetooth-Technologie können Sie Ihr Android-Smartphone mit externen Geräten wie Freisprechanlagen, Headsets oder Musikspielern verbinden.

Die Bluetooth-Funktion nach Bedarf steuern

Die Bluetooth-Funktion Ihres Smartphones benötigt wie alle Zusatzfunktionen Strom. Da diese Drahtlosverbindung nur auf kürzere Distanzen ausgelegt ist, hält sich der Verbrauch aber in Grenzen. Wenn Sie z. B. täglich im Auto die Freisprecheinrichtung nutzen möchten, können Sie Bluetooth ruhig permanent eingeschaltet lassen. Andernfalls ist es akkuschonender, es nur bei Bedarf einzuschalten.

1. Ähnlich wie die WLAN-Optionen finden Sie Bluetooth in den *Einstellungen* ganz unten in der Rubrik *Drahtlos und Netzwerke*.
2. Hier ist direkt ein Punkt *Bluetooth* aufgeführt. Mit dem Schalter rechts können Sie die Bluetooth-Hardware Ihres Smartphones ein- und ausschalten.

Tipp: Bluetooth per Widget steuern

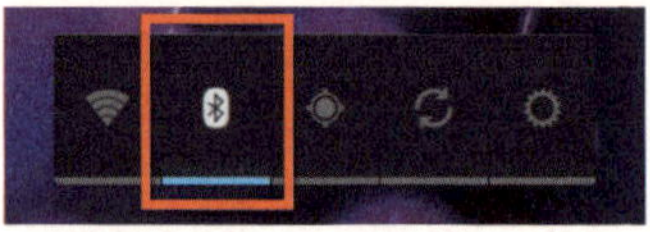

Auf Seite 127 stelle ich das Widget Energiesteuerung vor, mit dem Sie verschiedene Funktionen direkt auf dem Startbildschirm steuern können. Die zweite Schaltfläche von links steuert Bluetooth. Noch mehr Tipps zum Energiesparen finden Sie in Kapitel 8.

Die Verbindung zu einem neuen Gerät herstellen

Damit Ihr Smartphone per Bluetooth z. B. mit Ihrer Freisprecheinrichtung im Auto kommunizieren kann, muss die Verbindung einmalig eingerichtet werden („Pairing").

1 Schalten Sie das andere Gerät ein und warten Sie ggf. kurz, bis dieses gestartet ist.

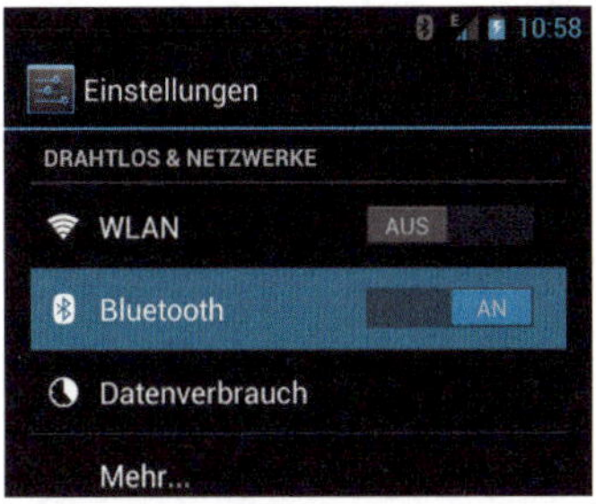

2 Tippen Sie nun auf den *Bluetooth*-Eintrag in den Einstellungen, um die Liste der bekannten Bluetooth-Geräte anzuzeigen.

3 Tippen Sie in der Liste ganz unten auf den Eintrag *Nach Geräten suchen*, um ein neues Gerät hinzuzufügen.

4 Das Smartphone sucht dann nach Bluetooth-Kontakten in der Umgebung, und sollte diese nach kurzer Wartezeit in der Liste unter *Verfügbar* anzeigen. Tippen Sie darauf, um die Verbindung herzustellen.

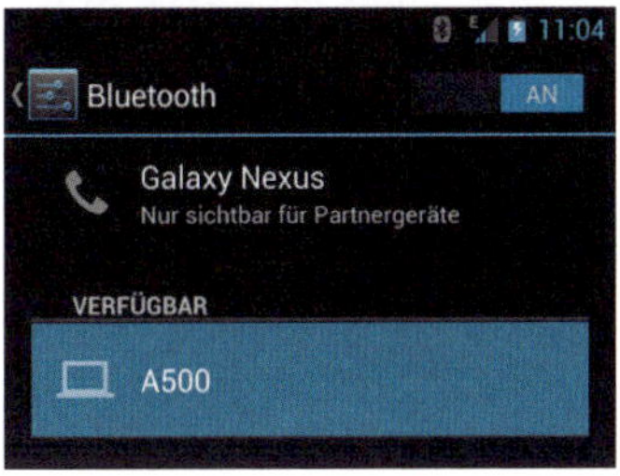

5 Um den Missbrauch von Bluetooth zu vermeiden, sind die Verbindungen in der Regel mit einer PIN geschützt. Diese müssen Sie am jeweils anderen Gerät eingeben bzw. bestätigen.

6 Nun wird die Verbindung zwischen den beiden Geräten ausgehandelt und hergestellt. Dies kann z. B. bei einer Freisprecheinrichtung länger dauern, wenn dabei eine größere Anzahl an Kontakten übermittelt werden muss.

Dieses „Kennenlernen“ zwischen den beiden Geräten muss für jedes Gerät nur einmal durchgeführt werden. Anschließend kennen die beiden sich und stellen die Verbindung automatisch wieder her, sowie sie in Reichweite sind.

Hinweis: Das eigene Telefon sichtbar machen

Häufig ist es erforderlich, dass Ihr eigenes Telefon seine Gerätekennung ausstrahlt, um eine Verbindung mit einem anderen Gerät herzustellen. Tippen Sie hierfür im Menü der Bluetooth-Liste auf Timeout für *Sichtbarkeit* und wählen Sie, wie lange Ihr Smartphone sichtbar sein soll. Anschließend wird die Funktion aus Sicherheitsgründen automatisch wieder deaktiviert.

Das Smartphone für den mobilen Internetzugang einrichten

Viele Android-Geräte sind bereits für den Zugang zum mobilen Internet eingerichtet bzw. konfigurieren sich anhand der eingelegten SIM-Karte automatisch entsprechend. Wenn das nicht der Fall ist oder wenn Sie spezielle Einstellungen vornehmen möchten, können Sie das auch manuell erledigen:

1 Tippen Sie in den *Einstellungen* in der Kategorie *Drahtlos & Netzwerke* zunächst auf *Mehr* und dann auf *Mobilfunknetze* (bei älteren Android-Versionen können Sie direkt *Mobile Netzwerke* anwählen).

2 Öffnen Sie darin die Liste der *Zugangspunkte* und betätigen Sie dann die Menü-Taste, um im Kontextmenü den Befehl *Neuer APN* zu wählen.

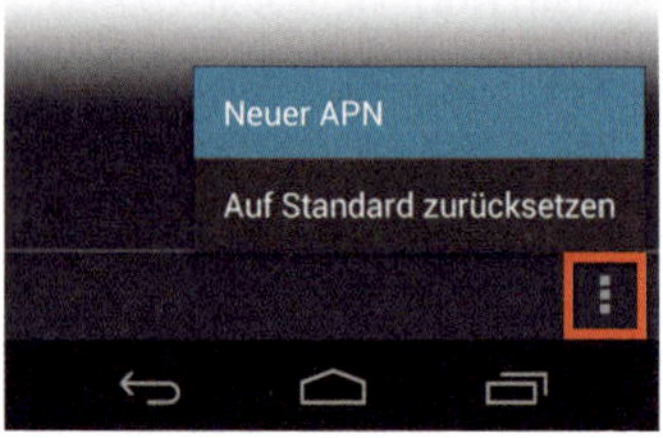

3 Nun können Sie die Daten für den Mobilzugang angeben. *Name* können Sie beliebig wählen. Alle anderen Angaben müssen mit den Vorgaben Ihres Anbieters übereinstimmen.

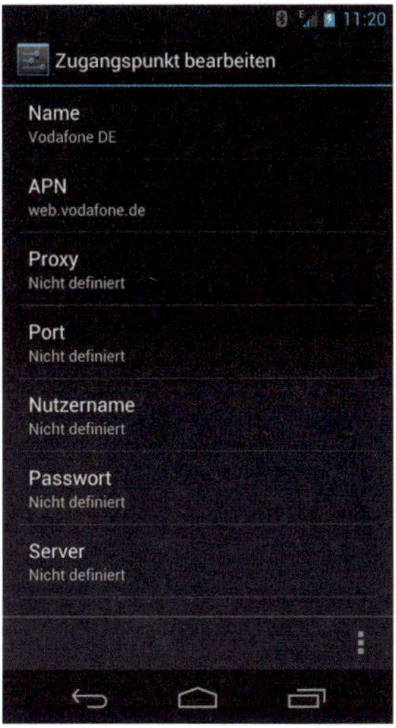

Tipp: Welche Daten nehmen?

Die genauen Daten für den mobilen Internetzugang erfahren Sie von Ihrem Mobilfunkanbieter. Sie müssen nicht alle Felder in diesem Formular ausfüllen. Meistens reichen APN, Nutzername und Passwort aus. Achten Sie darauf, die richtigen Daten zu verwenden. Sonst nutzen Sie den falschen Zugang oder falschen Provider, was erhebliche Mehrkosten verursachen kann.

4 Betätigen Sie dann erneut die Menü-Taste und wählen Sie im Kontextmenü den Befehl *Speichern*.

5 Wichtig: Wählen Sie den neuen Zugang anschließend in der Zugangsliste aus, damit er verwendet wird.

Geld & Strom sparen: Datenverbindungen und Roaming steuern

Der mobile Internetzugang und insbesondere häufige Datenverbindungen für das Synchronisieren von Kontakten, Terminen, E-Mails oder Statusupdates für soziale Netzwerke kostet sowohl Strom als auch Geld.

Tipp: Das automatische Synchronisieren verhindern

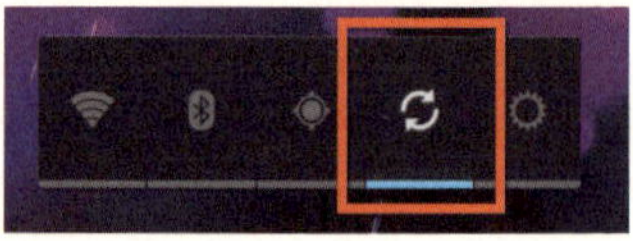

Ein nicht geringer Teil der Onlinekosten wird für das Synchronisieren von E-Mails, Kontakten und Terminen verbraucht. Auch hier kann das Widget für Energiesteuerung gute Dienste leisten (siehe Seite 127). Die zweite Schaltfläche von rechts schaltet den Datenabgleich ein und aus. Das bezieht sich allerdings nur auf die Synchronisierungsfunktionen von Android selbst. Zusätzliche Apps mit eigenen Abgleichsfunktionen lassen sich dadurch meist nicht beeindrucken.

Datenverbindungen nur bei Bedarf zulassen

Standardmäßig ist ein Android-Smartphone immer online, und die Apps können sich mit dem Internet verbinden. Das kostet nicht nur Geld, sondern zehrt auch am Akku.

1 Öffnen Sie in den *Einstellungen* den Punkt *Drahtlos & Netzwerke* und dort ganz unten *Mobile Netzwerke*. Bei Android 4.x müssen Sie dazu zunächst den Punkt *Mehr* auswählen und dann auf *Mobilfunknetze* tippen.

2 Hier finden Sie direkt einen Eintrag, mit dem mobile Verbindungen aktiviert bzw. deaktiviert werden können. Je

nach verwendeter Android-Version unterscheidet sich die genaue Bezeichnung, bei neueren heißt sie z. B. *Daten aktiviert*.

So können Sie jegliche Datenverbindungen via Mobilfunk unterbinden. Telefongespräche und SMS sind davon nicht betroffen. Ebenso kann das Gerät trotzdem Internetverbindungen über ein WLAN aufnehmen.

Das teure Datenroaming im Ausland vermeiden

Besonders problematisch ist das Nutzen von Datenverbindungen im Ausland, da die dann anfallenden Roamingkosten schnell zu einem teuren Vergnügen werden können. Auch beim Aufenthalt in grenznahen Gegenden kann man unfreiwillig in diese Kostenfalle geraten.

1 Öffnen Sie wie vorangehend beschrieben die Mobilfunkeinstellungen.

2 Hier zeigt der Eintrag *Daten-Roaming* an, ob Ihr Gerät über ein „fremdes" Netzwerk Datenverbindungen aufnehmen darf. Standardmäßig sollte er deaktiviert sein.

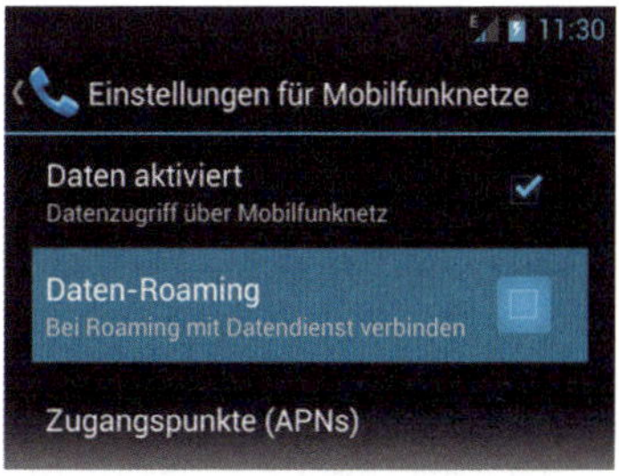

3 Wollen Sie Daten-Roaming nutzen, tippen Sie darauf und bestätigen den anschließenden Warnhinweis.

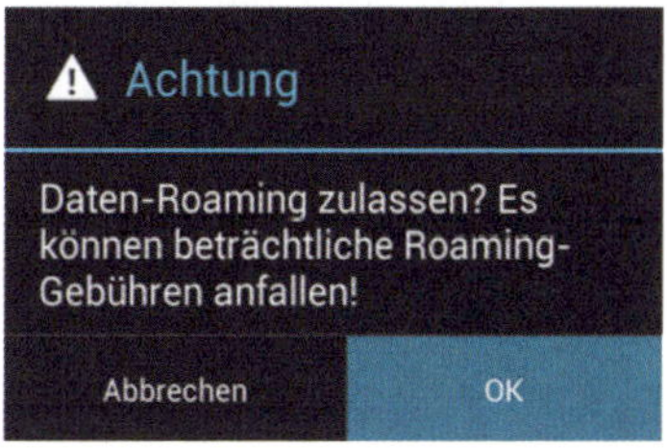

Stromspartipp: Für E-Mail & Co. reicht die 2G-Verbindung völlig aus

Solange es um schmalbandige Daten wie E-Mails, Synchronisierung, Tweets, Statusupdates usw. geht, können Sie ständig online sein und trotzdem den Akku schonen, wenn Sie das Funkmodem auf die langsameren, aber wesentlich Strom sparenderen 2G-Verbindungen begrenzen.

Wählen Sie dazu bei den Mobilnetzeinstellungen die Option *Nur 2G-Netzwerke*. Wenn Sie dann doch mal unterwegs surfen möchten, sollten Sie aber daran denken, wieder in den 3G-Modus umzuschalten.

Der Schnell-Überblick

- Ähnlich wie bei einem PC können Sie auch bei Android Symbole für häufig genutzte Apps direkt auf dem Startbildschirm platzieren. Die wichtigste Technik dafür: Ein Symbol länger antippen und dann an die gewünschte Position ziehen.
- Widgets holen wichtige Informationen und/oder Funktionen auf den Bildschirm, z. B. eine Liste der letzten Anrufer oder neu eingegangene SMS/E-Mails usw. Sie lassen sich ähnlich wie App-Symbole beliebig auf den Startseiten platzieren.

- Die Hintergrundbilder bei Android scrollen mit und sorgen so für einen dynamischen und attraktiven Look. Das funktioniert auch mit eigenen Bildern, wenn diese groß genug sind. Auch Kameraaufnahmen eignen sich für diesen Zweck.
- Um Ihr Smartphone in einem WLAN zu nutzen, müssen Sie diese Funktion aktivieren und sich im Drahtlosnetzwerk anmelden. Bei ungesicherten Netzen geht das ohne Weiteres. Bei gesicherten Netzen tippen Sie das Passwort ein.
- Auch Bluetooth-Geräte müssen einmalig gekoppelt werden, um eine Verbindung zum Smartphone herstellen zu können. Eventuell muss hierzu vorübergehend die Gerätekennung des Smartphones in den Bluetooth-Einstellungen aktiviert werden. Anschließend wird die Verbindung automatisch hergestellt, wenn die Geräte in Reichweite sind.
- Bluetooth und insbesondere WLAN verbrauchen zusätzliche Energie und sollten möglichst nur aktiviert sein, wenn sie genutzt werden. Mit dem Widget Energiesteuerung können diese Funktionen bequem auf dem Startbildschirm gesteuert werden.
- Für das mobile Internet muss einmalig der APN des Mobilfunkanbieters eingerichtet werden. Dazu müssen zumindest die APN-Adresse, eine Benutzerkennung und ein Passwort angegeben werden.
- Das Nutzen von Datenverbindungen im Ausland (Roaming) ist eine Kostenfalle. In den Mobilfunkeinstellungen lässt es sich deshalb unterbinden. Das ist auch wichtig, wenn man sich im grenznahen Inland aufhält.

2. Immer in Kontakt: Telefonieren, SMS und E-Mail

Kommunikation ist und bleibt eine Kernkompetenz von Smartphones. Das Telefonieren und „Simsen“ ist dabei wichtig, aber auch E-Mail ist für immer mehr Menschen eine mobile Selbstverständlichkeit.

- Wie kann ich vorhandene Nummern von der SIM-Karte weiterverwenden? ▶ Seite 36
- Wie lege ich nach einem Anruf einen passenden Kontakt an? ▶ Seite 39
- Wie kann ich wichtige und oft genutzte Kontakte schneller finden? ▶ Seite 40
- Wie kann ich einen Musikclip als Klingelton einstellen? ▶ Seite 43
- Wie kann ich Bilder oder Videos per SMS (MMS) versenden? ▶ Seite 45
- Wie empfange ich meine E-Mail auf dem Smartphone? ▶ Seite 46
- Wie stelle ich einen Push-Dienst für meine E-Mail ein? ▶ Seite 49
- Wie kann ich beliebige E-Mail-Anhänge auf dem Smartphone betrachten und/oder bearbeiten? ▶ Seite 50

Importieren Sie Namen und Nummern von der SIM-Karte

Wenn Sie eine vorhandene SIM-Karte von einem früheren Telefon in Ihrem Smartphone verwenden, sind darauf vielleicht schon viele Nummern von Freunden und Bekannten gespeichert. Diese können Sie als Kontakte beibehalten und mit zusätzlichen Informationen versehen.

1 Drücken Sie in den Kontakten die Menü-Taste und wählen Sie im Menü *Importieren/Exportieren*. Bei manchen Android-Versionen benutzen Sie alternativ die Funktion *SIM-Karte verwalten*.

2 Wählen Sie im Menü den Befehl *Von SIM-Karte importieren*. Android listet dann die auf der SIM-Karte gespeicherten Einträge auf.

3 Um einzelne Einträge zu importieren, tippen Sie lange darauf und wählen dann *Importieren*.

4 Wollen Sie alle Kontakte von der SIM-Karte einfügen, tippen Sie oben rechts auf das Menüsymbol und wählen im Menü *Alle importieren*.

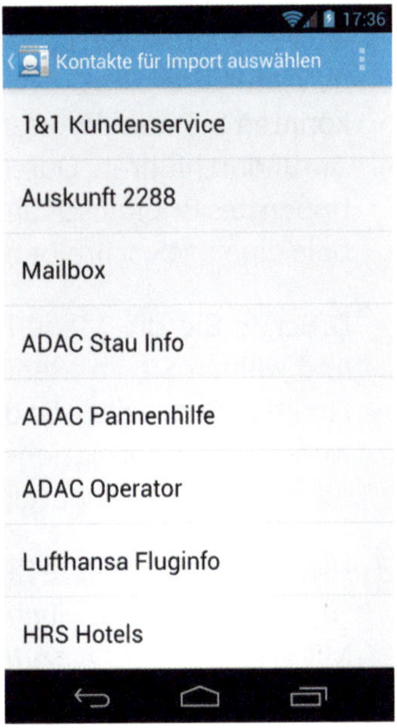

Vorhandene Kontakte bearbeiten

Wenn Sie Kontakte von der SIM-Karte importiert haben, bestehen diese einfach aus einem Namen und einer Nummer. Android kann aber zu einem Kontakt zahlreiche weitere Informationen speichern wie z. B. Post- und E-Mail-Adresse, weitere Nummern (z. B. Privat, Mobil, Büro), aber auch Bilder, Webadressen, Notizen usw.

1 Wählen Sie in der Kontaktliste einen Eintrag durch einfaches Antippen aus.

2 Daraufhin werden die wesentlichen Daten auf dem Bildschirm angezeigt. Durch Antippen der Telefonnummer (bei älteren Android-Versionen gibt es dafür das Hörersymbol) könnten Sie nun direkt einen Anruf durchführen. Durch Antippen des Briefumschlagsymbols eine SMS schreiben.

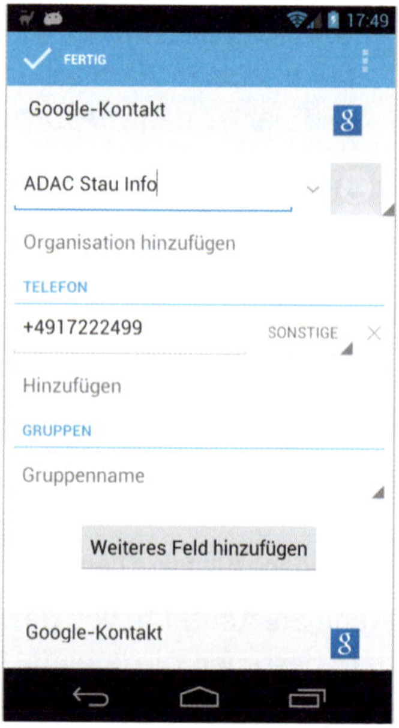

3 Drücken Sie die Menü-Taste und wählen Sie im Menü die Funktion *Bearbeiten*. Dadurch werden alle Informationen zu diesem Kontakt angezeigt.

4 Hier können Sie weitere Details zu diesem Kontakt angeben. Mit *Weiteres Feld hinzufügen* (bei älteren Versionen *Zusätzliche Informationen*) klappen Sie noch eine Unterliste auf, in der z. B. Geburtstage, Notizen und Spitznamen vermerkt werden können.

5 Tippen Sie oben auf *Fertig* (bei älteren Versionen unten auf *Speichern*), um Änderungen zu übernehmen.

Tipp: Mehrere Nummern zu einem Kontakt

Vielleicht sind Sie es gewohnt, für mehrere Telefonnummern einer Person auch mehrere Kontakte anzulegen, z. B. „Horst privat", „Horst Büro" und „Horst Handy"? Bei einem Android-Smartphone ist das nicht erforderlich. Legen Sie einfach einen Kontakt „Horst" an, geben Sie eine Nummer ein und tippen Sie dann darunter auf *Hinzufügen*, um weitere Nummern zu hinterlegen. Beim Wählen können Sie dann jeweils entscheiden, welche der Nummern Sie benutzen möchten.

Nach einem Anruf einen passenden Kontakt erstellen

Wenn Sie einen Anruf erhalten haben, können Sie aus der Nummer schnell einen neuen Kontakt erstellen, um diese in Zukunft immer parat zu haben:

1 Öffnen Sie in der Telefon-App die Rubrik *Zuletzt* bzw. *Anrufe*. Bei Android 4.x verbirgt sich die Rubrik hinter dem Uhrsymbol oben. In der Historie steht die Nummer des letzten eingegangenen Anrufs ganz oben.

2 Tippen Sie auf den Eintrag und wählen Sie im Menü die Funktion *Zu Kontakten hinzufügen*.

3 Android öffnet dann die Kontaktverwaltung. Um die Nummer einem bereits vorhandenen Kontakt hinzuzufügen, wählen Sie diesen aus. Han-

delt es sich um einen neuen Kontakt, tippen Sie auf *Neuen Kontakt erstellen*.

4 Die Nummer des Anrufs wird dann direkt in den Kontakt eingefügt. Sie brauchen nur noch den Namen sowie ggf. weitere Details zu ergänzen und den Kontakt zu speichern.

Die wichtigsten Personen als Favoriten immer schnell erreichen

Manche Menschen ruft man öfter an als die meisten anderen. Damit diese Kontakte schneller erreichbar sind, können Sie sie als Favoriten markieren und über eine separate Liste abrufen.

1 Öffnen Sie die Liste Ihrer Kontakte und tippen Sie dort lange auf einen Kontakt, den Sie als Favoriten kennzeichnen möchten.

2 Wählen Sie im Kontextmenü die Funktion *Zu Favoriten hinzufügen*.

3 In der Rubrik *Favoriten* ganz rechts in der Telefon-App finden Sie alle Kontakte, die Sie auf diese Weise gekennzeichnet haben.

Bei Android 4.x tippen Sie einen Kontakt in der Liste an. In der anschließenden Übersicht finden Sie oben neben dem Namen einen Stern. Diesen können Sie antippen, um den Favoritenstatus des Kontakts einzurichten oder zu entfernen.

Anrufe bequem per Sprachwahl durchführen

Ist eine Telefonnummer in den Kontakten gespeichert, lässt sich ein Anruf mittels weniger Fingertipps durchführen. Noch praktischer ist allerdings eine komfortable Sprachwahl, gerade wenn die manuelle Bedienung z. B. beim Autofahren erschwert ist.

1 Viele neuere Android-Geräte bringen bereits eine einfache Spracherkennung mit. Sie lässt sich durch Antippen des Mikrofonsymbols im Google-Widget auf dem Startbildschirm aktivieren.

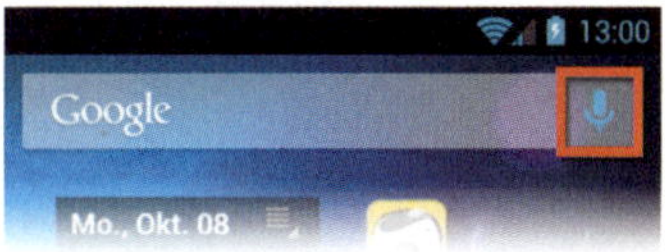

2 Warten Sie kurz, bis sich die App initialisiert hat und zur Eingabe bereit ist. Dann ertönt ein kurzer Klang, und auf dem Bildschirm sehen Sie die Aufforderung *Sprechen*.

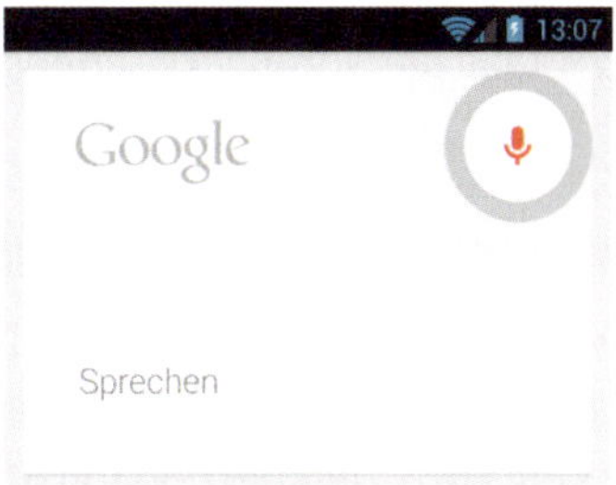

3 Sprechen Sie nun Ihre Anweisung in das Gerät hinein. Um einen Anruf zu tätigen, sagen Sie den Namen des Kontakts und die Anweisung „anrufen“, also z. B. „Lisa anrufen“.

4 Die App übermittelt Ihr Stimmmuster an einen Server, der die eigentliche Auswertung vornimmt und das Ergebnis zurückliefert. Dieses wird dann in der App angezeigt und weiterverarbeitet. Dabei werden alle Eingaben, die nicht unmit-

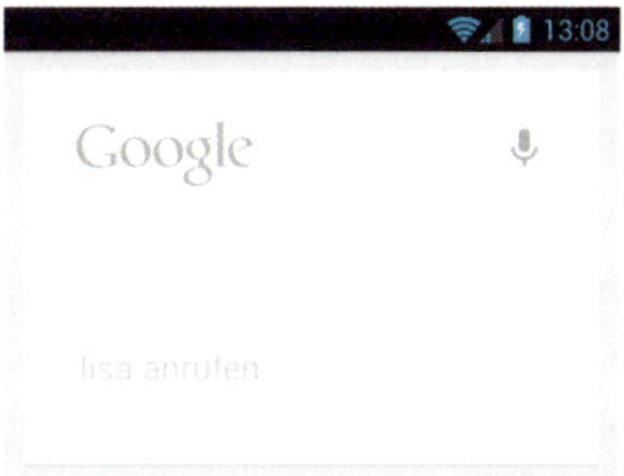

telbar als Anweisung erkannt werden, als Suchanfrage behandelt und an Google weitergeleitet.

5 Erkennt die App, dass Sie einen Anruf durchführen möchten und kann die gesprochenen Namen einem Kontakt zuordnen, wird ein entsprechender Anruf durchgeführt. Dabei haben Sie noch einige Sekunden Zeit, das Ergebnis zu überprüfen und den Anruf ggf. zu unterbinden. Das ist praktisch, falls die Spracherkennung sich mal „irren“ sollte.

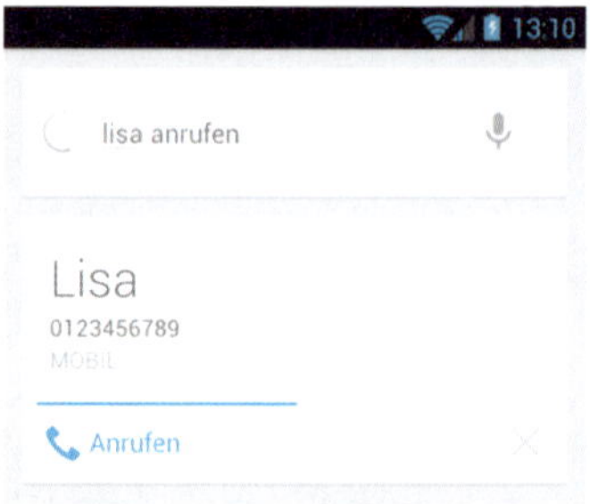

Keine Sprachwahl-App vorhanden?

Wenn Ihr Smartphone von Hause aus keine App für die Sprachwahl oder Sprachsteuerung mitbringt, können Sie diese über den Play Store nachrüsten. Funktionierende deutschsprachige Apps für diesen Anwendungszweck sind allerdings nicht kostenlos zu haben. Zu kaufen gibt es hingegen einige. Empfehlenswert ist der Cyberon Voice Commander (DE). Achten Sie dabei aber unbedingt darauf, die deutschsprachige Version zu erwerben (also die mit *(DE)*), da es diese App in verschiedenen Sprachversionen gibt.

Beliebige Sounds oder Musikstücke als Klingelton

Der Klingelton gehört für die meisten Handybenutzer zum Ersten, das personalisiert wird.

1 Öffnen Sie in den Einstellungen die Rubrik *Sound and Display* bzw. bei neueren Android-Versionen *Töne*.

2 Tippen Sie hier auf *Klingelton*. Damit öffnen Sie eine Liste der mitgelieferten Klingeltöne Ihres Geräts.

3 Wenn Sie einen der Einträge antippen, wird der Klang automatisch abgespielt. So können Sie bequem einen finden, der Ihnen zusagt.

4 Achten Sie schließlich darauf, dass der gewünschte Klang ausgewählt ist, und tippen Sie unten auf *OK*.

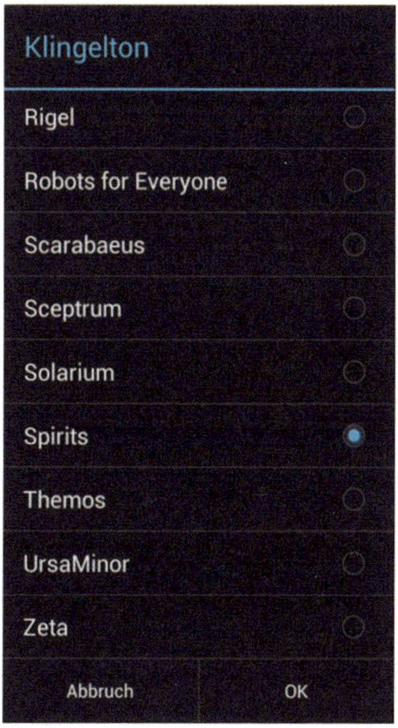

Der so gewählte Klingelton wird standardmäßig für alle eingehenden Anrufe genutzt. Für ankommende SMS, MMS usw. können Sie mit *Benachrichtigungston* einen anderen Klang festlegen.

Beliebige Musikstücke als Klingelton einstellen

Neben den „offiziellen" Klingeltönen kann ein Android-Smartphone prinzipiell jedes Musikstück oder auch eigene Aufnahmen als Klingelton verwenden. Bei älteren Android-Versionen lassen sich diese ganz einfach als Klingelton nutzen:

Wann immer Sie eine Liste mit Titeln anzeigen lassen, können Sie einen der Titel lange antippen. Im Kontextmenü finden Sie dann den Befehl *Als Klingelton festlegen*.

Soll der gerade abgespielte Titel als Klingelton dienen, drücken Sie die Menü-Taste und wählen im Menü ggf. *Mehr*. Auch hier finden Sie den Befehl *Als Klingelton festlegen*.

Tipp: MP3-Klingeltöne bei neueren Android-Versionen

Bei neueren Android-Versionen wurde die einfache Möglichkeit, z. B. MP3-Dateien via Kontextmenü als Klingelton festzulegen, entfernt. Hier hilft Ihnen eine kostenlose App wie Tone Picker weiter. Ist diese installiert, können Sie beim Bestimmen eines Klingel- oder Benachrichtigungstons zwischen der Standardmethode (*Medienspeicher*) und eben *Tone Picker* wählen. Entscheiden Sie sich für *Tone Picker*, können Sie zusätzlich zu den Standardklingeltönen auch Musiktracks angeben oder über einen installierten Dateimanager eine beliebige Datei auswählen.

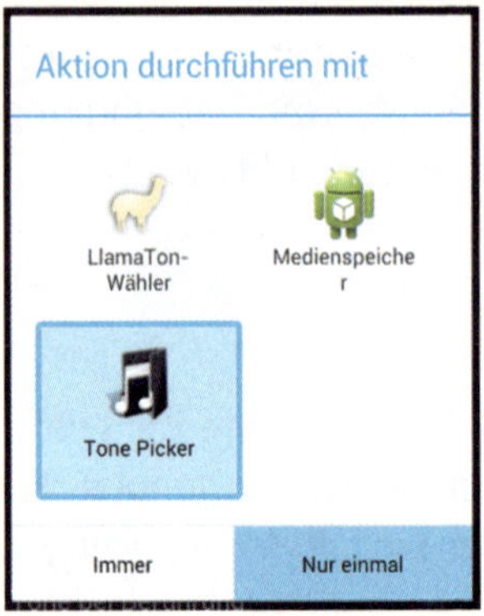

Bilder oder Videoclips als SMS-Anhang/MMS versenden

Für das Erstellen einer SMS bringt Android eine einfache, aber effektive App mit. Wie aber lassen sich Bilder, Musik oder Videos als MMS verschicken? Für Android sind das einfach SMS mit Anhang.

Tipp: E-Mail ist häufig günstiger als MMS

MMS sind wesentlich teurer als SMS. Wenn der Empfänger auch per E-Mail erreichbar ist, bietet sich deshalb der günstigere Versand als E-Mail-Anhang an. In Kapitel 6 rund um Multimedia stelle ich noch andere Möglichkeiten vor, z. B. Bilder direkt vom Handy in sozialen Netzwerken zu veröffentlichen.

1. Erstellen Sie eine neue SMS an den Empfänger mit einem kurzen Text.

2. Tippen Sie dann oben rechts auf das Büroklammersymbol. Bei älteren Android-Versionen öffnen Sie das Menü und wählen *Anhängen*.

3. Nun können Sie auswählen, welche Art von Datei Sie verschicken möchten und ob Sie diese selbst aufnehmen oder eine vorhandene Datei auswählen wollen.

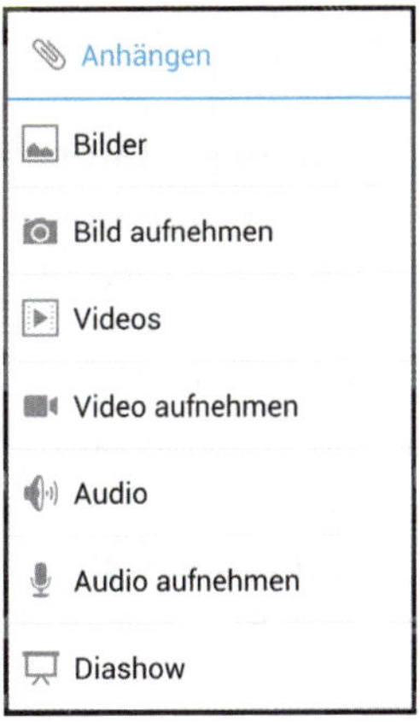

4. Wählen Sie dann das gewünschte Element aus und versenden Sie die SMS wie gewohnt.

Verbinden Sie Ihr E-Mail-Konto mit Ihrem Smartphone

Ein Android-Smartphone ist eine komfortable Möglichkeit, auch unterwegs E-Mail-Nachrichten zu empfangen und zu verschicken. Ein E-Mail-Konto steht Ihnen automatisch zur Verfügung, da zu Ihrem Google-Konto auch ein Postfach gehört.

Info: Google Mail auf dem Android-Smartphone

Anstatt das allgemeine E-Mail-Programm zu nutzen, stellt Google dafür eine eigene App zur Verfügung. Das ist etwas umständlich, wenn man gleichzeitig auch andere E-Mail-Konten verwenden möchte. Dafür unterstützt die Google-Mail-App einige spezielle Funktionen, die so nur bei Google Mail vorhanden sind. Wenn Sie nur das Google-Postfach nutzen, beschränken Sie sich einfach auf diese App. Wenn Sie Ihr E-Mail-Postfach bei einem anderen Anbieter haben, verwenden Sie die herkömmliche E-Mail-App. Nur wenn Sie beides mischen möchten, müssen Sie mit beiden Anwendungen jonglieren.

1 Wenn Sie Ihr Android-Smartphone mit einem Google-Konto verknüpft haben, ist automatisch auch der Zugriff auf das dazugehörende Postfach in Google Mail eingerichtet.

2 Wenn Sie die App aufrufen, zeigt sie Ihnen automatisch eine Übersicht Ihres Posteingangs. Tippen Sie eine der Nachrichten an, um den Inhalt zu lesen.

3 Weitere Funktionen finden Sie ganz unten in einer Symbolleiste. Hier können Sie neue Nachrichten erstellen, suchen oder die neuesten E-Mails abrufen. Weitere Funktionen finden Sie im Menü (bei älteren Android-Versionen steht statt

der Symbolleiste nur das Menü für alle Funktionen zur Verfügung).

4 Um selbst eine E-Mail zu versenden, tippen Sie ganz links in der Symbolleiste auf das Briefumschlagsymbol. Das anschließende Formular enthält die üblichen Elemente wie Empfänger, Betreff und Inhalt.

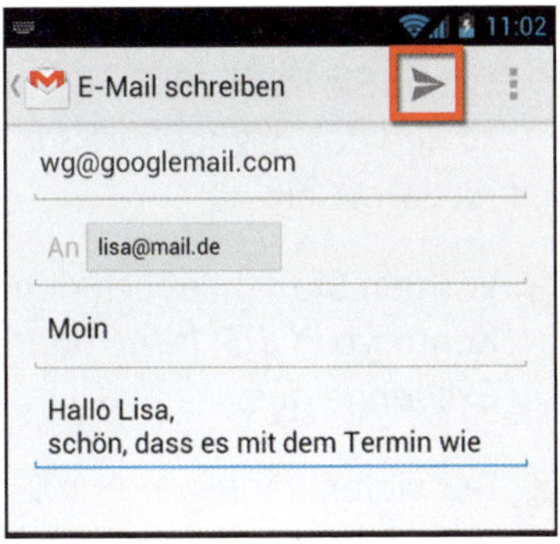

5 Tippen Sie schließlich oben auf das Pfeilsymbol, um die E-Mail abzuschicken.

Tipp: Quer mit mehr Platz schreiben

Wenn Ihr Gerät beim Drehen automatisch in den Quermodus schaltet, schreibt es sich so wesentlich angenehmer.

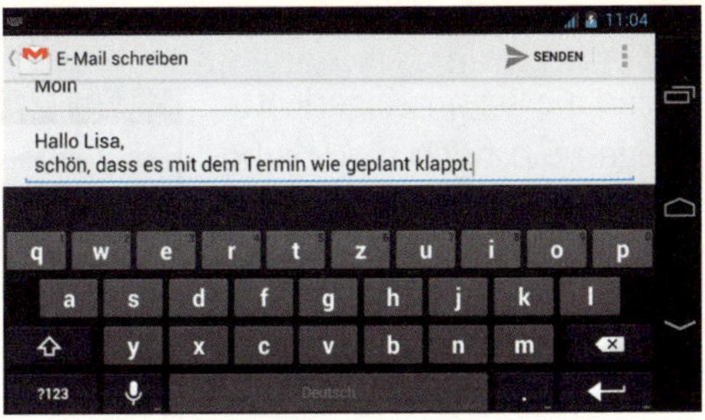

E-Mail-Postfächer anderer Anbieter nutzen

Wenn Sie bereits ein E-Mail-Postfach bei einem anderen Anbieter haben oder z. B. Ihre Firmen-Mails abrufen möchten, können Sie dieses Konto bei der klassischen E-Mail-Anwendung von Android einrichten.

1 Beim ersten Start wird automatisch ein Assistent zum Einrichten aktiv. Alternativ können Sie diesen im Menü mit *Einstellungen/Konto hinzufügen* aktivieren.

2 Geben Sie Ihre E-Mail-Adresse und das dazugehörende Passwort ein.

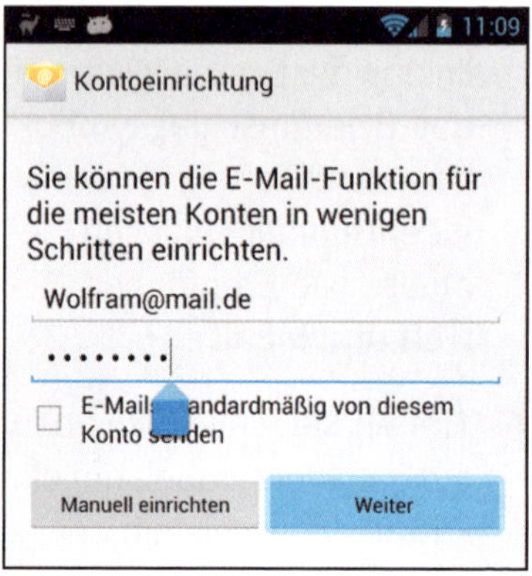

3 Wählen Sie schließlich den Kontotyp *POP3*, *IMAP* oder *Exchange* aus.

4 Bei vielen gängigen Anbieter reicht das bereits, und das Konto wird mit *Weiter* automatisch konfiguriert.

5 Ist das bei Ihrem Konto nicht möglich, geben Sie die notwendigen Angaben wie Servernamen und Ports ein.

6 Sind die Server eingerichtet, legen Sie noch die Häufigkeit fest, mit der neue Nachrichten abgerufen werden sollen.

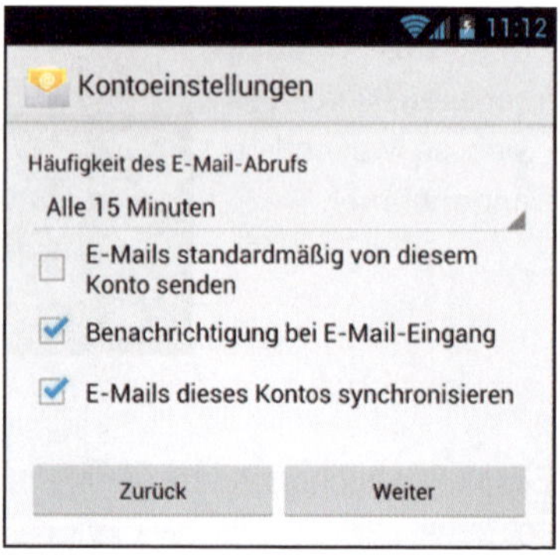

7 Schließlich können Sie noch einen Namen für das Konto angeben sowie Ihren Namen, der als Absender eingetragen werden soll.

Anschließend erfolgt direkt der erste Nachrichtenabruf vom Konto.

Neue Nachrichten per Push sofort aufs Handy

Für Mobilgeräte eignet sich besonders das Nutzen von Push-Mail: Hierbei muss der Posteingang nicht regelmäßig abgefragt werden, sondern der Mailserver benachrichtigt das Mobilgerät selbstständig, wenn neue Nachrichten vorhanden sind. Ein Google-Mail-Konto nutzt diese Funktion automatisch. Mit einem Trick können Sie aber jedes beliebige E-Mail-Konto auf Ihr Smartphone „pushen".

1 Öffnen Sie im Webbrowser (am PC) die Seite *mail.google.com* und melden Sie sich mit den Zugangsdaten Ihres Google-Kontos an.

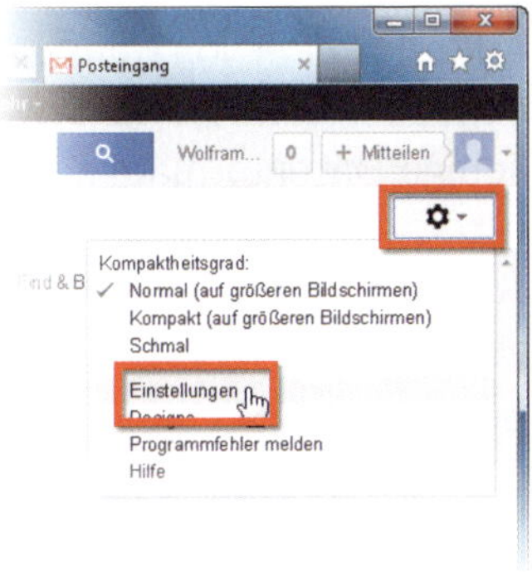

2 Öffnen Sie oben rechts die *Einstellungen* und wechseln Sie dort in die Rubrik *Konten und Import*.

3 Klicken Sie im Bereich *E-Mails per POP3 aus anderen Konten abrufen* auf *Vorhandenes POP3-E-Mail-Konto hinzufügen*.

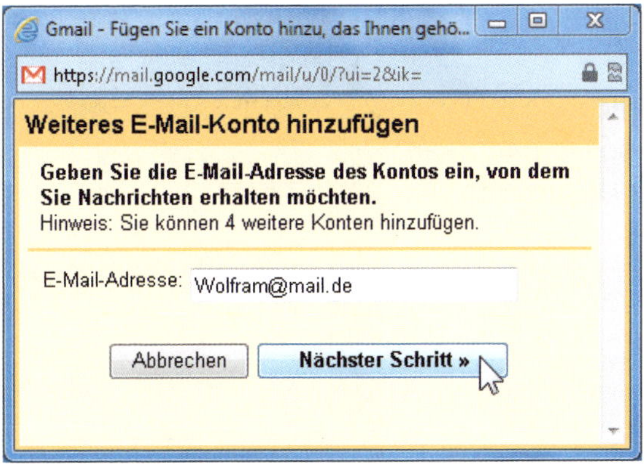

4 Geben Sie im anschließenden Assistenten die Zugangsdaten für den Abruf Ihres E-Mail-Kontos ein.

Google wird das angegebene E-Mail-Konto ab sofort regelmäßig abrufen. Neue Nachrichten werden dann über das Google-Mailkonto per Push auf Ihr Smartphone übermittelt. Dort können Sie sie mit der Google-Mail-App lesen.

Mailanhänge auf dem Smartphone problemlos lesen

Android kennt von Hause aus nur einige Dokumentformate wie einfachen Text, HTML usw. Prinzipiell können Sie trotzdem beliebige Datenformate z. B. als E-Mail-Anhang empfangen und verarbeiten. Voraussetzung ist, dass Sie eine passende App installiert haben, die mit dem jeweiligen Dokumentformat umgehen kann.

Ein Beispiel hierfür ist die App Documents to Go. Mit der kostenlosen Viewer-Variante können Sie gängige Office-Dokumente von Word, Excel und PowerPoint mit dem Smartphone betrachten.

Die kostenpflichtige Vollversion erlaubt sogar das Bearbeiten solcher Dokumente von unterwegs.

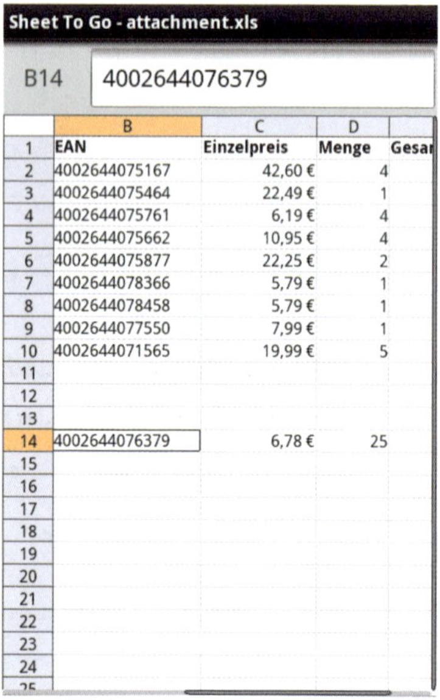

Sheet To Go - attachment.xls

B14 4002644076379

	B	C	D	
1	EAN	Einzelpreis	Menge	Gesa
2	4002644075167	42,60 €	4	
3	4002644075464	22,49 €	1	
4	4002644075761	6,19 €	4	
5	4002644075662	10,95 €	4	
6	4002644075877	22,25 €	2	
7	4002644078366	5,79 €	1	
8	4002644078458	5,79 €	1	
9	4002644077550	7,99 €	1	
10	4002644071565	19,99 €	5	
11				
12				
13				
14	4002644076379	6,78 €	25	
15				
16				
17				
18				
19				
20				
21				
22				
23				
24				

Viewer-Apps für weitere Dokumentformate finden

Über den Play Store (siehe Kapitel 4) können Sie weitere Viewer für verschiedene Dokumentformate finden. Suchen Sie hier einfach nach der Bezeichnung für das Format, eventuell ergänzt mit dem Begriff Viewer, also z. B. „ZIP Viewer“ oder „PDF Viewer“. In vielen Fällen werden Sie eine ggf. sogar kostenlose Lösung finden. Auch für das Bearbeiten bzw. Erstellen gibt es in vielen Fällen passende Apps. Diese sind aber häufig nur käuflich zu erwerben.

Tipp: Mehr als ein Viewer vorhanden?

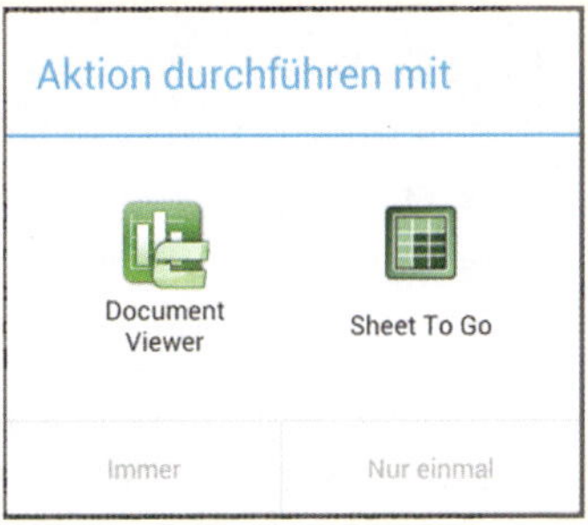

Wenn zu einem Dokumenttyp mehr als eine App installiert ist, die sich auf deren Bearbeitung versteht, fragt Android nach, welche der Apps Sie verwenden möchten. Tippen Sie den entsprechenden Eintrag an. Wenn Sie dann *Immer* wählen, werden Sie beim nächsten Mal gar nicht erst wieder gefragt. Stattdessen wird automatisch die Standardanwendung gestartet. Wollen Sie jedes Mal wieder entscheiden, tippen Sie stattdessen auf *Nur einmal*.

Der Schnell-Überblick

- Wenn auf der SIM-Karte in Ihrem Smartphone bereits Nummern gespeichert sind, können Sie diese in die Kontaktverwaltung importieren. Allerdings bestehen sie nur aus dem Namen und der Nummer. Weitere Informationen können Sie beliebig hinzufügen.

- Android-Kontakte können zu jeder Person verschiedene Rufnummern speichern. Beim Wählen werden Sie jeweils gefragt, welche Nummer Sie verwenden möchten.
- Neben vielen Details können Sie in den Kontakten auch Bilder hinterlegen. Bei einem Anruf oder in Übersichten wird dann dieses Bild angezeigt und erlaubt eine schnellere Erkennung.
- Neben den Standardklingeltönen können Sie beliebige Klänge bzw. Musikstücke als Klingelton verwenden. Tippen Sie dazu im Kontextmenü des Clips auf *Als Klingelton festlegen*.
- Mit individuellen Klingeltönen erkennen Sie bestimmte Anrufer direkt am Klingeln. Auch diese Eigenschaft können Sie in den Details eines Kontakts festlegen.
- Eine MMS ist für Android eine SMS mit Dateianhang. Dementsprechend finden Sie beim Erstellen einer SMS die Funktion *Anhängen* im Menü.
- Zu jedem Google-Konto gehört auch ein E-Mail-Postfach, das Sie nutzen können. Mit der E-Mail-App können Sie aber auch beliebige E-Mails an Ihrem Smartphone empfangen und versenden.
- Push-Mail stellt neue Nachrichten nach dem Eintreffen automatisch sofort auf dem Smartphone zu. Über den Umweg eines POP-Abrufs durch das Google-Konto können Sie diese Funktion mit jedem beliebigen E-Mail-Konto nutzen.
- Für das Betrachten und Bearbeiten vieler Dokumentformate gibt es Apps. Viewer sind häufig kostenlos, Programme zum Bearbeiten von Office, PDF & Co. kosten aber oft Geld.

3. Adressen & Kalender – Nutzen Sie Ihr Smartphone als persönlichen Assistenten

Ein Smartphone heißt „Smart"phone, weil es eben mehr als nur telefonieren kann. Es kann zum persönlichen Assistenten werden, der Ihr komplettes Adressbuch verwaltet und Sie rechtzeitig und zuverlässig an wichtige Termine erinnert.

Das Smartphone mit dem Onlinekalender synchronisieren

Wenn Sie Ihr Smartphone mit einem Google-Konto verbunden haben, steht Ihnen auch ein Onlinekalender kostenlos zur Verfügung, der automatisch mit Ihrem Smartphone abgeglichen wird.

1 In den *Einstellungen* unter *Konten* können Sie die Synchronisierung mit *Google* in Grenzen steuern.

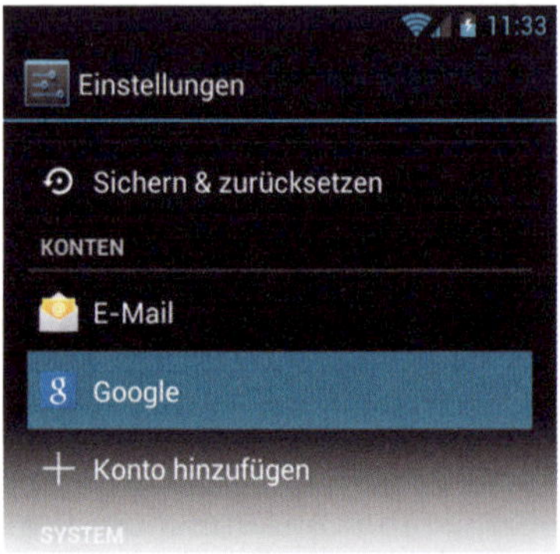

2 Tippen Sie hier auf das Google-Konto, für das Sie die Einstellungen ändern möchten.

3 In der folgenden Liste können Sie detailliert die einzelnen Bereiche wie Kontakte, Mail, Kalender, Browser, Fotos usw. je nach Bedarf (de)aktivieren.

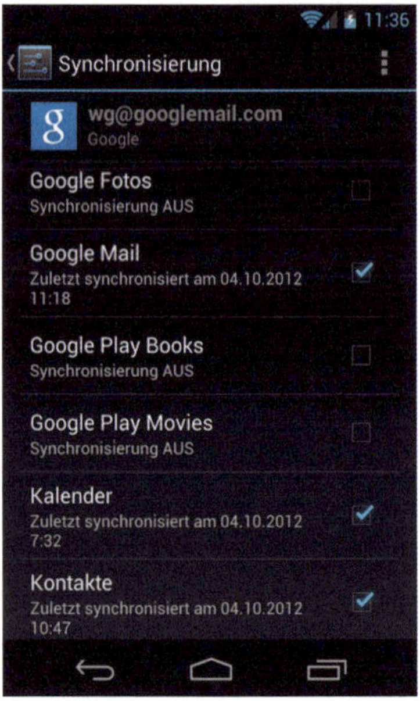

Hinweis: Den Google-Kalender direkt nutzen

Sie können den Google-Kalender nicht nur über das Smartphone verwenden. Über die Webadresse *http://www.google.com/calendar* ist (nach Eingaben der Zugangsdaten) ein direkter Zugriff aus jedem Webbrowser möglich. Auch Kalenderanwendungen wie Sunbird, das Thunderbird-Plug-in Lightning oder Outlook (siehe Seite 61) können sich mit dem Google-Kalender synchronisieren.

Termine direkt im Smartphone eingeben

Um einen Termin zu erstellen, nutzen Sie die mitgelieferte Kalender-App. Sie zeigt Ihren Terminplan jederzeit auf dem Bildschirm an.

1 Um einen Termin anzulegen, öffnen Sie das Menü und wählen dort den Befehl *Neuer Termin*.

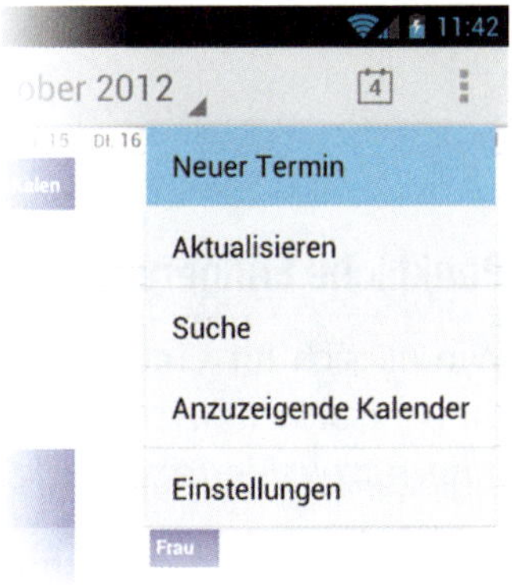

2 Im Formular können Sie ganz oben den Kalender wählen, in dem dieser Termin gespeichert werden soll. Das ist besonders wichtig, wenn Sie mehrere Kalender gleichzeitig verwenden (z. B. für private und berufliche Termine).

3 Darunter tippen Sie den Anlass des Termins ein.

4 Bei *Von* und *Bis* wählen Sie Datum und Uhrzeit für die Dauer der Verabredung. Ist die Veranstaltung *Ganztägig*, werden die Uhrzeiten ausgeblendet.

5 Das reicht auch schon. Weitere Details wie *Ort* und *Beschreibung* können Sie nach Bedarf ergänzen.

6 Klicken Sie dann oben auf *Fertig* (bei älteren Android-Versionen: *Speichern)*, um den Termin zu erstellen.

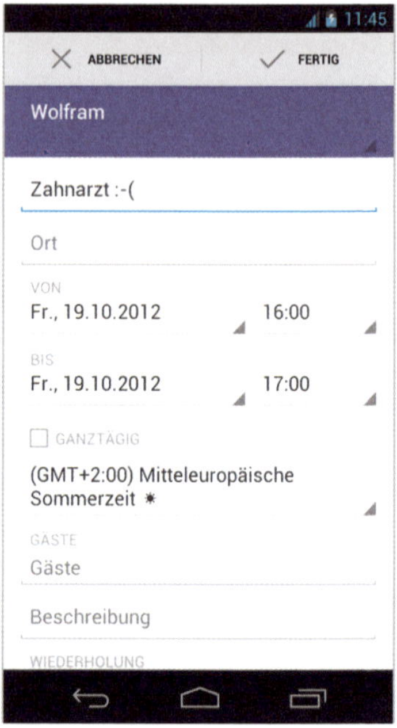

Pünktliche Erinnerungen rechtzeitig vor dem Termin

Wie es sich für einen kompetenten Assistenten gehört, kann Ihr Android-Smartphone Sie selbstverständlich an Termine erinnern bzw. Sie rechtzeitig darauf hinweisen.

1 Wenn Sie einen Termin erstellen oder bearbeiten, finden Sie in den Einstellungen unten den Bereich *Erinnerungen*.

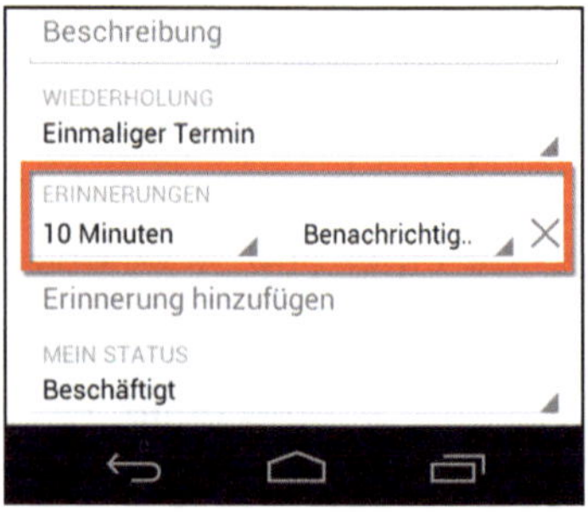

2 Hier können Sie links den Zeitraum angeben, wann vor Erreichen des angegebenen Termins das Smartphone Sie auf diesen aufmerksam machen soll.

3 Rechts können Sie sich zwischen einer Erinnerung per E-Mail und einer Benachrichtigung auf dem Bildschirm entscheiden. Wünschen Sie gar keine Erinnerung, entfernen Sie das Auswahlfeld durch Antippen des kleinen *x*-Symbols rechts daneben.

Wenn eine Erinnerung festgelegt ist, dann meldet sich Ihr Smartphone bei Erreichen des Zeitraums je nach Einstellung mit akustischen Hinweisen und Meldungen auf dem Bildschirm. Mit *Snooze* können Sie die Benachrichtigung wie bei einem Radiowecker noch mal kurz vertagen.

Tipp: Mehr als eine Erinnerung

Sie können sich auch mehr als nur einmal erinnern lassen. So ist z. B. eine Erinnerung 24 Stunden vor einem Termin und dann nochmals 15 Minuten vorher möglich. Verwenden Sie dafür das Menü und tippen Sie jeweils auf *Erinnerung hinzufügen*, um weitere Erinnerungen zu ergänzen und einstellen zu können.

Nie mehr den Hochzeitstag vergessen: frühzeitig Hinweise auf Geburts- und andere Jahrestage

Eine zuverlässige Erinnerung an wichtige Jahrestage ist eine praktische Hilfe, um peinliche Momente zu vermeiden. Mit dem

Android-Kalender können Sie jährlich wiederholende Termine festlegen und sich rechtzeitig daran erinnern lassen.

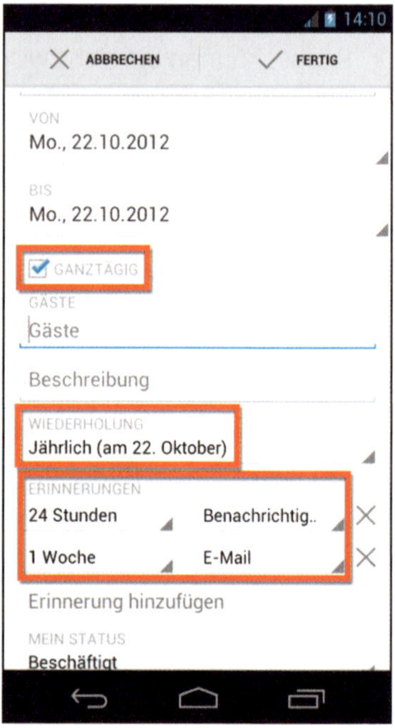

1 Erstellen Sie einen neuen Termin mit dem entsprechenden Text.

2 Setzen Sie das Häkchen bei *Ganztägig* und geben Sie den Termin des Jubiläums an.

3 Stellen Sie dann im Auswahlfeld *Wiederholung* das Intervall auf *Jährlich*.

4 Dann können Sie eine Erinnerung einstellen, die Sie z. B. *24 Stunden* vorher erinnert.

5 Müssen Sie z. B. ein Geschenk besorgen oder etwas vorbereiten, sollten Sie im Menü eine zweite *Erinnerung hinzufügen* und diese z. B. auf *1 Woche* vorher festlegen.

Bessere Alternativen zur eingebauten Kalender-App

Die mitgelieferte Kalender-App funktioniert ganz gut, ist aber leider nicht sehr übersichtlich. Alternativen im Play Store bieten bessere Gestaltungsmöglichkeiten, z. B. das kostenlose Calendar Pad, das gegenüber dem Standardkalender eine Reihe von Vorteilen hat:

- Insbesondere die gern genutzte Wochenansicht ist wesentlich übersichtlicher.
- Die Farbcodes bei verschiedenen Kalendern kommen durch das Design besser zu Geltung.
- Das Aussehen des Kalenders lässt sich in vielen Details individuell festlegen und z. B. auf die Displaygröße anpassen.
- CalendarPad bringt eine Suchfunktion mit, mit der Sie Termine schnell anhand von Themen oder Teilnehmern finden können.
- Mit der GoTo-Funktion können Sie beliebige Daten direkt ansteuern.
- CalendarPad lässt sich auch als Widget auf dem Startbildschirm platzieren.

Hinweis: Alternative Kalender-Apps und der Google-Kalender

Alternative Kalender-Apps verwenden denselben internen Kalender, der auch mit dem Google-Konto synchronisiert wird. Sie können also beliebig verschiedene Kalender-Apps anstelle oder zusätzlich zur Standard-App einsetzen. Alle Änderungen wirken sich in allen Apps aus und werden ggf. auch mit dem Google-Onlinekalender synchronisiert.

Der Kalender als Widget direkt auf dem Startbildschirm

Neben der Kalender-App bietet sich ein Widget an, mit dem Sie die nächsten anstehenden Termine direkt auf dem Startbildschirm immer im Blick haben. Hierfür gibt es diverse Angebote im Play Store. Wenn Sie z. B. das vorangehend vorgestellte CalendarPad verwenden, bekommen Sie ein flexibel einsetzbares Widget mit dazu.

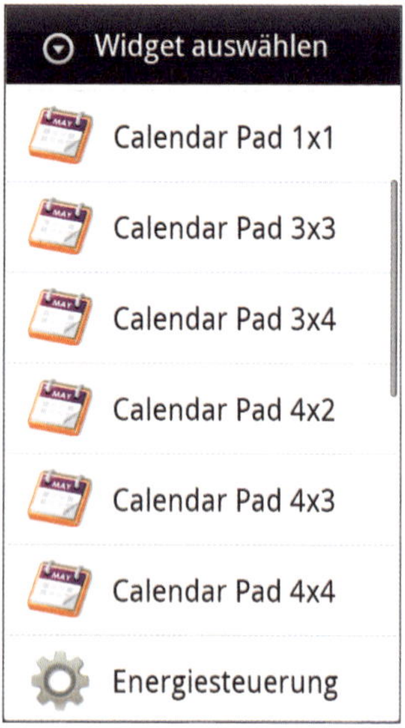

1. Wählen Sie einen Startbildschirm aus, auf dem ausreichend freier Platz zur Verfügung steht, und tippen Sie diesen lang an. Bei Android 4.x tippen Sie auf dem Homebildschirm unten mittig auf das Apps-Symbol.
2. Wählen Sie dann den Bereich *Widgets*.
3. Wählen Sie in der Liste der Widgets ein geeignetes Kalender-Widget aus. CalendarPad z. B. bringt gleich mehrere Widgets in verschiedenen Größen mit, die sich dem verfügbaren Platz anpassen.

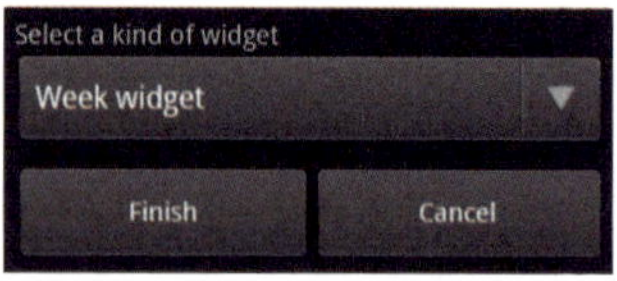

4. Bei den größeren Widgets können Sie wählen, was diese genau anzeigen sollen, also z. B. die Wochenübersicht oder den aktuellen Monat.
5. Tippen Sie dann auf *Finish*, um das Widget auf den Startbildschirm zu holen.

Outlook-Kontakte und Termine mit dem Smartphone sychronisieren

Wenn Sie am PC mit Outlook Ihre Termine und Kontakte verwalten, ist ebenfalls das automatische Synchronisieren mit dem Smartphone möglich, wenn es auch leider nicht ganz so einfach und komfortabel geht.

Info: Von Outlook zum Smartphone – so geht's

Der erste Schritt zum Synchronisieren ist der automatische Abgleich zwischen Ihrer Outlook-Datenbank und dem Google-Konto. Für zahlende Nutzer der Google-Apps gibt es das komfortable Google Apps Sync, ein Add-on, das sich direkt in Outlook integriert und die Synchronisierung erledigt. Für die Mehrheit der Nutzer kostenloser Google-Dienste geht es leider nicht ganz so einfach. Zum Synchronisieren von Kontakten und Terminen muss jeweils eine kleine Anwendung auf dem PC installiert werden, die den Datenaustausch mit Google bewerkstelligt. Es gibt auch Produkte, die alles in einem Aufwasch erledigen, aber diese sind kostenpflichtig, weshalb ich hier die etwas umständlichere, aber kostenlose Lösung vorstelle.

Outlook-Termine synchronisieren

Für das Synchronisieren von Terminen bietet Google selbst ein kostenloses Programm namens Google Calendar Sync an (*http://dl.google.com/googlecalendarsync/GoogleCalendarSync_Installer.exe*). Es unterstützt Outlook ab der Version 2003. Sie brauchen es nur zu installieren und einmalig zu konfigurieren:

1. Geben Sie ganz oben die E-Mail-Adresse Ihres Google-Kontos ein.
2. Darunter tippen Sie bei *Password* das dazugehörende Kennwort ein.

3 Wichtig ist dann unter *Sync Options* die Möglichkeit *2-way*, diese synchronisiert in beide Richtungen. So können Sie Termine auch per Webbrowser oder eben am Mobilgerät erstellen oder bearbeiten.

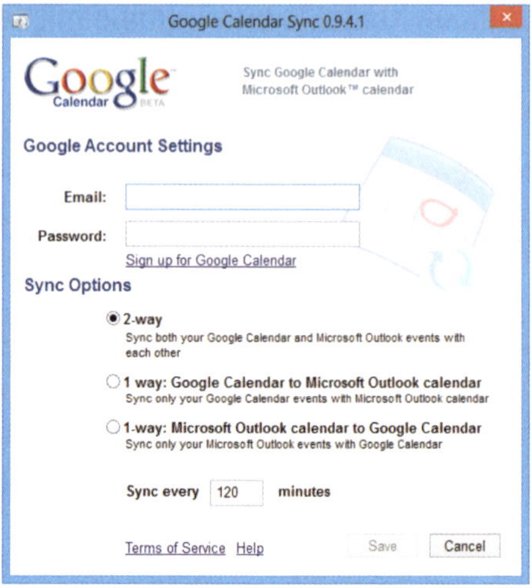

4 Bei *Sync every ... minutes* bestimmen Sie schließlich, wie häufig die Synchronisierung durchgeführt wird.

Damit ist das Einrichten auch schon erledigt. Weiter bemerken Sie von dem Programm nur das Symbol im Infobereich, das Ihnen den Status verrät. Außerdem können Sie die automatische Synchronisierung hier bei Bedarf vorübergehend stoppen oder die Einstellungen ändern.

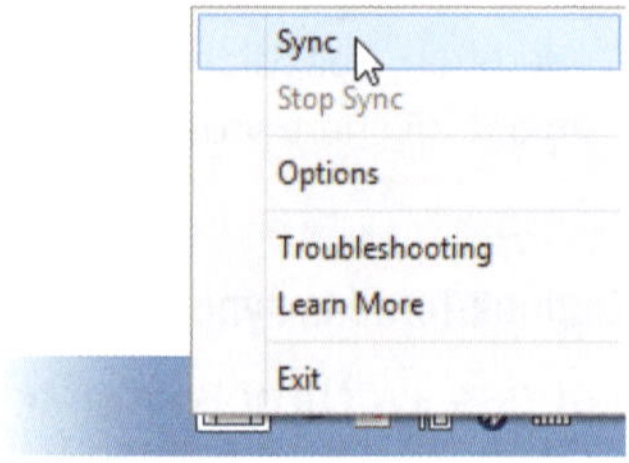

Outlook-Kontakte synchronisieren

Für das Synchronisieren der Kontakte bietet Google leider keine Lösung an. Aber es gibt kostenlose Anwendungen wie GO Contact Sync (*http://sourceforge.net/projects/gocontactsync/*). Auch hier muss die Software nur installiert und einmalig eingerichtet werden:

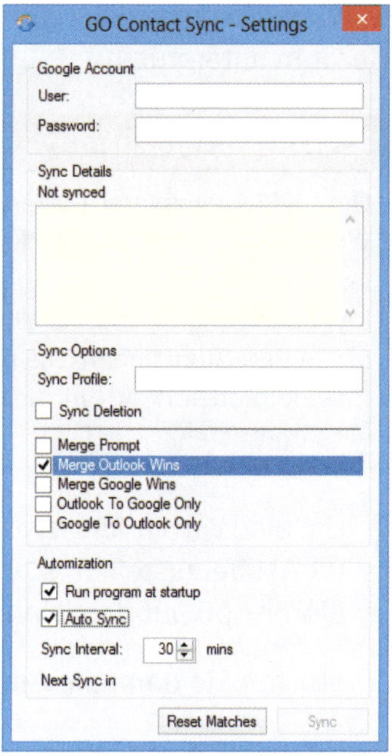

1 Oben bei *Google Account* geben Sie die Zugangsdaten Ihres Google-Kontos ans.

2 Mit den *Merge ...*-Optionen legen Sie fest, wie bei Konflikten verfahren werden soll. Mit *Merge Prompt* werden Sie jeweils gefragt, welche Daten beibehalten werden sollen.

3 Bei *Automization* lassen Sie das Programm mit *Run program at startup* automatisch mit Windows starten und legen mit *Auto sync* das Synchronisierungsintervall fest.

Mit diesen beiden Tools sind Sie gut gerüstet, um Ihre Daten zwischen Outlook und dem Google-Konto zu synchronisieren. Der zweite Schritt ist nun das Synchronisieren zwischen Google und Ihrem Mobiltelefon, was in der Regel vollautomatisch erfolgt. Details dazu sind zu Beginn dieses Kapitels beschrieben.

Die Gerätedaten direkt mit dem PC abgleichen

Wenn Sie den Umweg über das Internet und Ihr Google-Konto scheuen, können Sie Termine, Kontakte und andere Daten auch direkt zwischen Smartphone und PC abgleichen. Eventuell liegt dem Gerät dafür eine spezielle Software des Herstellers bei, ansonsten empfiehlt sich das kostenlose Programm

MyPhoneExplorer, das den Datenabgleich bei allen Android-Geräten unterstützt.

Info: MyPhoneExplorer – PC-Anwendung und Android-App

Um MyPhoneExplorer nutzen zu können, installieren Sie auf dem Windows-PC die PC-Anwendung, die Sie unter *www.fjsoft.at* kostenlos herunterladen können. Auf dem Smartphone muss außerdem die MyPhoneExplorer-App installiert werden, die Sie ebenfalls kostenlos im Play Store finden. Die beiden Programme können über USB, Bluetooth oder WLAN miteinander kommunizieren und Ihre Daten synchronisieren.

1 Um eine Verbindung zwischen Smartphone und PC z. B. per WLAN herzustellen, starten Sie zunächst die MyPhoneExplorer-App auf dem Handy.

2 Starten Sie dann die Anwendung auf dem PC.

3 Rufen Sie dort *Datei/Einstellungen* auf.

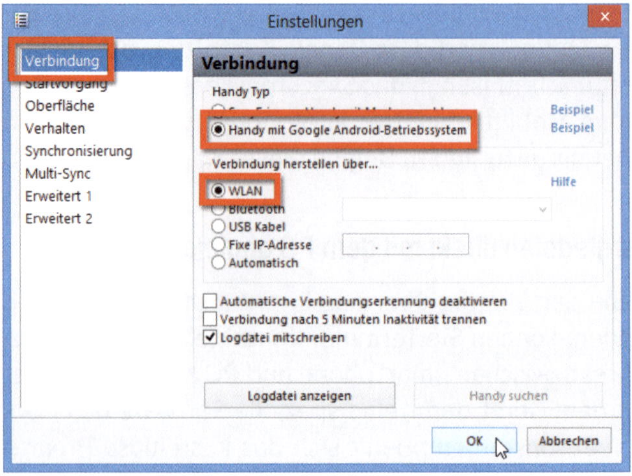

4 Wählen Sie in der Rubrik *Verbindung* oben die Option *Handy mit Google Android-Betriebssystem*.

5 Wählen Sie im Feld darunter *WLAN* (bzw. die bevorzugte Verbindungsart).

6 Klicken Sie dann unten auf *OK*.

Die anderen Verbindungsmethoden funktionieren dementsprechend, nur dass dabei zunächst die USB-Verbindung hergestellt werden muss bzw. die beiden Geräte per Bluetooth gekoppelt werden müssen.

Termine, Kontakte und mehr synchronisieren

Ist die Verbindung zwischen PC und Smartphone via MyPhone-Explorer hergestellt, können Sie beliebige Synchronisierungen durchführen lassen:

- Unter *Kontakte* haben Sie Zugriff auf die gespeicherten Kontaktdaten.
- Hinter dem Punkt *Organizer* verbergen sich die Termine. Sie können direkt am Bildschirm angezeigt und bearbeitet werden.
- *Anruflisten* und *SMS* bieten Ihnen Zugriff auf die hierzu gespeicherten Daten des Mobilgeräts.

- *Dateien* erlaubt den direkten Zugriff auf die gespeicherten Dateien. Besonders praktisch: Für regelmäßige Dateiabgleiche lassen sich Profile definieren, die diese Aufgabe vollautomatisch erledigen.
- Unter *Sonstiges* können Sie die technischen Daten des Smartphones wie z. B. den Akkustand und den Speicherstatus überwachen.

Kontakte mit aussagekräftigen Bildern versehen

Neben zahlreichen Informationen können Sie zu jedem Kontakt ein Bild hinterlegen. Dieses wird dann bei einem Anruf oder in der Kontaktliste angezeigt.

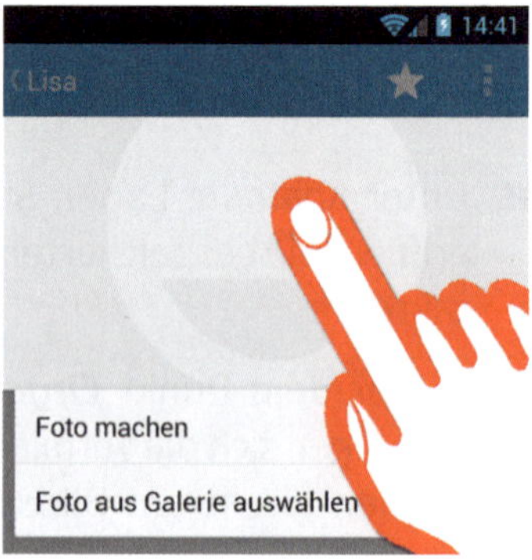

1 Öffnen Sie einen Kontakt zum Bearbeiten und tippen Sie oben auf das Bildsymbol.

2 Wählen Sie dann, ob Sie mit der Kamera ein *Foto machen* oder ein bereits vorhandenes *Foto aus Galerie auswählen* möchten.

3 Wenn Sie sich für das Machen entscheiden, wird anschließend automatisch die Kamera gestartet, und Sie können damit ein Foto der Person knipsen.

4 Nach der Aufnahme sehen Sie das Bild und entscheiden, ob Sie dieses verwenden oder einen erneuten Versuch starten möchten.

5 Schließlich sehen Sie eine Vorschau des Bildes und können mit dem Kästchen den genauen Ausschnitt für das Kontaktbild wählen. Das Kästchen lässt sich verschieben sowie in der Größe verändern, wenn Sie genau auf den Rahmen tippen.

Individuelle Klingeltöne für bestimmte Anrufer

Zu den weniger bekannten Möglichkeiten von Android gehört es, einzelnen Anrufern individuelle Klingeltöne zuzuordnen. So können Sie schon am Klingeln erkennen, ob Ihr Liebling, der Chef oder die Schwiegermutter Sie gerade erreichen will.

1 Wählen Sie hierzu in der Kontaktverwaltung den jeweiligen Kontakt aus.

2 Öffnen Sie dann das Menü für diesen Kontakt und wählen Sie dort den Punkt *Klingeltonwahl*.

3 Sollten Sie eine zusätzliche App zum Auswählen von Tönen installiert haben, können Sie nun angeben, ob Sie diese oder die Standard-App (*Medienspeicher*) verwenden wollen. Diese ermöglicht es Ihnen, z. B. auch MP3-Dateien als Klingeltöne auszuwählen (siehe Seite 44).

4 Wählen Sie dann den Klingelton, der abgespielt werden soll, wenn dieser Kontakt Sie auf Ihrem Handy anruft.

5 Übernehmen Sie die Änderung unten links mit *OK*.

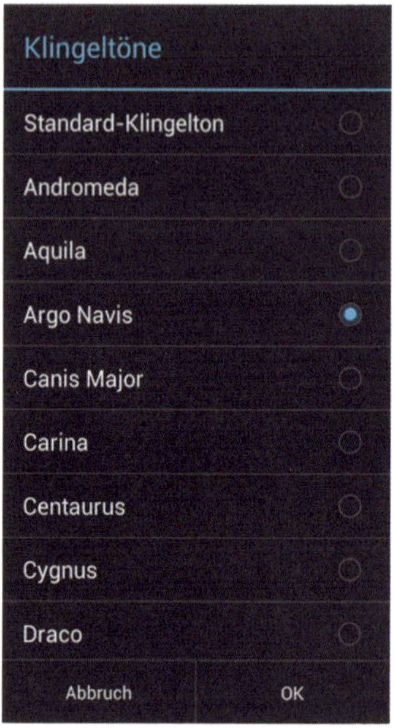

Der hier eingestellte Klingelton wird nur für diesen Kontakt verwendet.

Kein Anschluss: Anrufe bestimmter Personen direkt an die Mailbox weiterleiten

Man möchte unterwegs vielleicht nicht für jeden ständig erreichbar sein. Wenn bestimmte Anrufer Sie nicht erreichen sollen, können Sie deren Anrufe direkt an die Mailbox weiterleiten lassen. So bleiben Sie ungestört, wichtige Nachrichten entgehen Ihnen aber trotzdem nicht.

1 Öffnen Sie den Kontakt wie vorangehend beschrieben und rufen Sie das Kontextmenü dafür auf.

2 Hier finden Sie die Option *Alle Anrufe an Mailbox*.

3 Setzen Sie dort ein Häkchen, um Anrufe NUR dieses Kontakts sofort an die Mailbox durchzustellen.

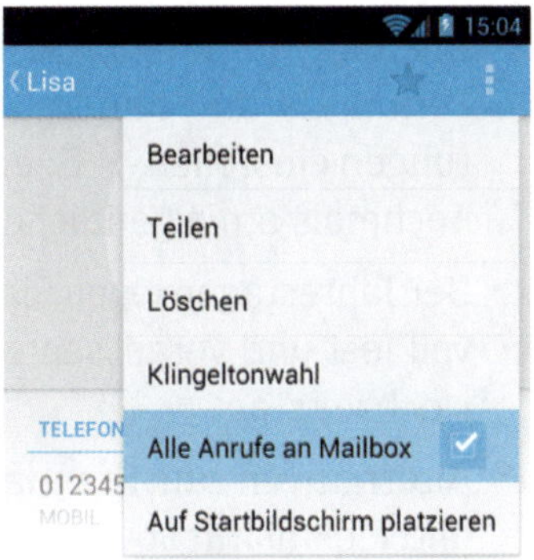

Diese Einstellungen können Sie für jeden Kontakt individuell vornehmen.

Tipp: Einfach mal für niemanden erreichbar sein

Die einfache Lösung: Schalten Sie das Gerät aus oder aktivieren Sie den Flugmodus (siehe Seite 130). Alternativ verwenden Sie hierfür am besten in den *Einstellungen* der Telefon-App unter *Rufweiterleitung* die Anrufweiterleitung. Geben Sie bei *Immer weiterleiten* die Nummer Ihrer Mailbox an. So gehen alle Anrufe direkt an die Mailbox, Sie selbst können Ihr Telefon sowie mobiles Internet aber uneingeschränkt benutzen.

Der Schnell-Überblick

- Ihr Android-Smartphone kann auch Ihre Kontakte und Termine für Sie verwalten. Am besten klappt das in Verbindung mit dem Google-Konto. Dadurch haben Sie stets eine Sicherung der Daten und können auch z. B. per Webbrowser darauf zugreifen. Die Synchronisierung erfolgt vollautomatisch.

- Die Kalenderfunktion kann Sie rechtzeitig vor oder zu einem Termin daran erinnern. Sie können auch mehrere Erinnerungen einstellen, z. B. einmal eine Woche vorher und dann nochmals am eigentlichen Termin.
- Bei Jahrestagen legen Sie ein jährliches Wiederholungsintervall fest und vergessen so nie mehr einen Geburtstag oder Hochzeitstag.
- Alternativen zum Standardkalender bieten mehr Übersicht und Flexibilität sowie zusätzliche Funktionen. CalendarPad etwa lässt sich auch als Widget direkt auf dem Startbildschirm nutzen.
- Wenn Sie am PC Outlook nutzen, ist die Synchronisierung etwas umständlicher. Hierzu benötigen Sie zwei kostenlose Tools, die Ihre Outlook-Kontakte und -Termine mit dem Onlinekalender Ihres Google-Kontos abgleichen. Von dort erfolgt dann wiederum die automatische Synchronisierung mit dem Smartphone.
- Wollen Sie PC und Smartphone direkt ohne den Umweg über das Google-Konto abgleichen, verwenden Sie MyPhone-Explorer. Die Verbindung kann nach Wahl per USB-Kabel, Bluetooth oder WLAN hergestellt werden.
- In der Kontaktverwaltung können Sie für jeden Kontakt ein eigenes Bild sowie einen individuellen Klingelton festlegen. So hören bzw. sehen Sie sofort, wer anruft.
- Wollen Sie mal nicht erreichbar sein, können Sie bestimmte Anrufer oder auch vorübergehend alle Anrufe direkt an die Mailbox weiterleiten lassen. Das Telefon bleibt trotzdem für Onlinedienste und eigene Anrufe benutzbar.

4. Erweitern Sie Ihr Smartphone mit Apps um beliebige Funktionen

Apps ist das bei Mobilgeräten gängige Kürzel für „Applikationen“ oder auf gut Deutsch „Anwendungen“. Apps bringt jedes Smartphone mit. Einige gehören zum Lieferumfang des Android-Betriebssystems, andere fügen die Smartphone-Hersteller hinzu. Sie können aber auch selbst Apps installieren.

Der Play Store bietet Hunderttausende Anwendungen und Spiele an, darunter auch zahlreiche kostenlose.

- Wie finde ich die besten Anwendungen und Spiele? ▶ Seite 72
- Wie werden Apps aus dem Store installiert? ▶ Seite 75
- Was muss ich beim Erwerb von kostenpflichtigen Apps beachten? ▶ Seite 76
- Wie kann ich kostenpflichtige Apps testen und bei Nichtgefallen zurückgeben? ▶ Seite 78
- Wie kann ich Apps installieren, die nicht im Play Store angeboten werden? ▶ Seite 79
- Wie kann ich Apps aus dem knappen internen Speicher auf die SD-Karte auslagern? ▶ Seite 83
- Wie kann ich hängende Apps beenden? ▶ Seite 84
- Wie kann ich Apps wieder von meinem Smartphone entfernen? ▶ Seite 87

So finden Sie im Google Play Store die besten Apps und Spiele

Der Play Store ist die offizielle Software-Plattform für Android-Geräte. Es ist nicht das einzige Verzeichnis, aber mit Abstand das umfangreichste. Um den Store mit Ihrem Smartphone nutzen zu können, müssen Sie Ihr Gerät einmalig mit einem Google-Konto verbinden. Dann können Sie den Store jederzeit besuchen. Am besten benutzen Sie dafür eine WLAN-Verbindung. Per Mobilfunk-Internet geht es auch, aber das ist relativ langsam und teuer.

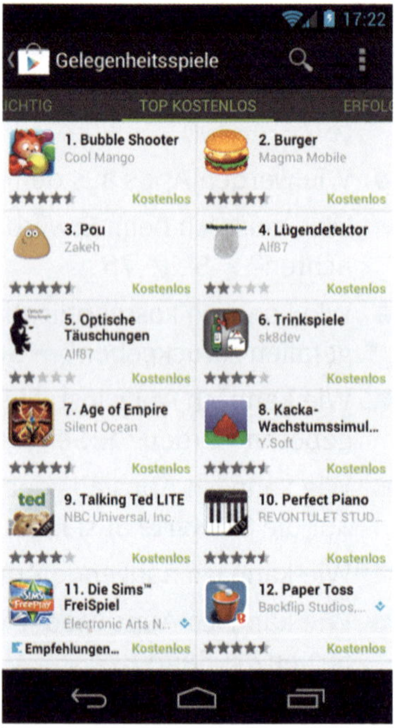

Da der Play Store neben Anwendungen auch Filme und elektronische Bücher anbietet, sollten Sie auf der Startseite erst einmal auf *Apps* tippen.

Dann präsentiert Ihnen der Store die allgemein beliebtesten Apps. Von hier können Sie eine von mehreren Kategorien und Unterkategorien öffnen.

Tippen Sie z. B. auf *Spiele* und dann oben links auf *Kategorien/Gelegenheitsspiele*, um sich ein kleines Spielchen für zwischendurch auszusuchen. Tippen Sie dann noch auf die Kategorie *Top kostenlos*, um die beliebtesten Gratisspielchen zu sehen.

Um sich eine der Apps genauer anzusehen, tippen Sie deren Eintrag an:

- Sie erhalten dann ausführlichere Angaben zu dieser App. Der Bereich *Beschreibung* enthält allgemeine Informationen des Anbieters zu Zweck und Funktionsweise der App. Hier finden sich teilweise auch Bildschirmfotos des Programms.
- Interessant sind die *Erfahrungsberichte* andere Benutzer. Diese enthalten Anmerkungen und eine Bewertung. Oft finden sich hier auch Hinweise auf Probleme oder zur Stabilität der App auf einem bestimmten Gerät. Besonders bei kostenpflichtigen Apps lohnt es sich, die Einträge hier mal zu überfliegen.
- Ganz unten bei *Nutzer haben auch…* sehen Sie Apps, die einem vergleichbaren Zweck dienen. Das ist praktisch, um z. B. Gratis-Alternativen zu einer kostenpflichtigen App zu finden.

Eine ganz bestimmte App schnell im Play Store finden

Der Google-Store verfügt über eine einfache Suchfunktion. Wenn Sie eine ganz bestimmte App suchen und deren Namen oder zumindest einen Teil davon kennen, können Sie damit schnell fündig werden.

1 Starten Sie den Play Store und tippen Sie auf das Lupensymbol bzw. drücken Sie die Suchtaste an Ihrem Gerät. Damit wechseln Sie zur Suchfunktion des Stores.

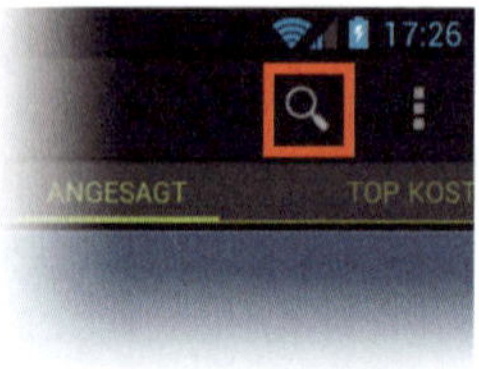

2 Geben Sie hier den Namen der gesuchten App (oder eben einen eindeutigen Bestandteil davon) ein. Während des Tippens erhalten Sie darunter bereits Vorschläge zu passenden Suchbegriffen.

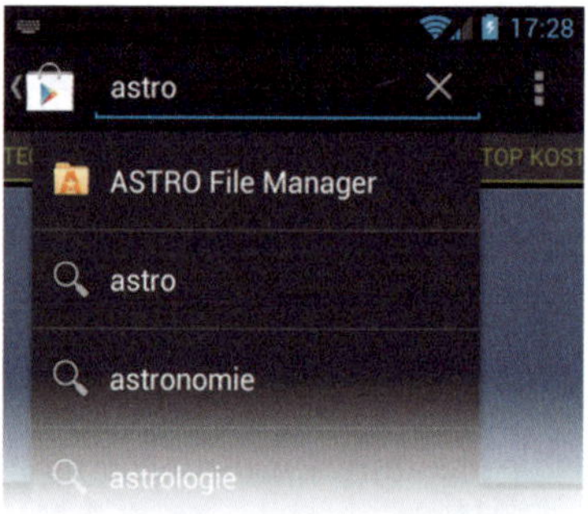

3 Starten Sie die Suche durch Antippen des Lupensymbols oder durch Auswählen eines der vorgeschlagenen Begriffe. Sie erhalten dann nach kurzer Wartezeit eine Liste der Apps, die zu dem gesuchten Begriff passen.

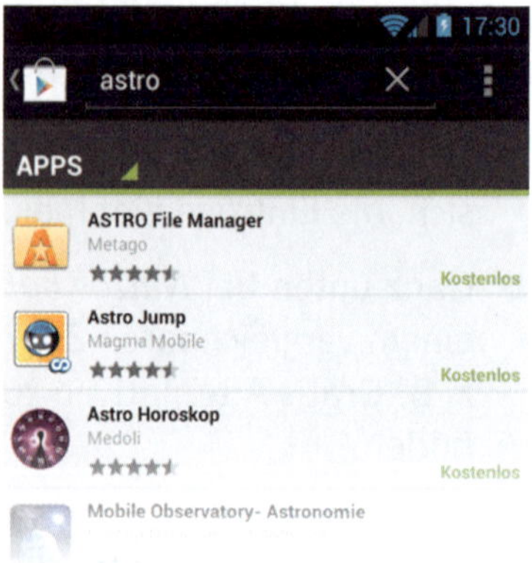

Hinweis: Warum wird die gesuchte App nicht gefunden?

Es kann durchaus passieren, dass Sie eine bestimmte App nicht finden, obwohl Sie genau wissen, dass es diese gibt. Das liegt daran, dass der Store automatisch nur Apps anzeigt, die zu Ihrem Smartphone passen. Wenn eine App z. B. unbedingt einen GPS-Empfänger benötigt, um ihre Aufgabe erfüllen zu können, ist es sinnlos, sie auf einem Gerät ohne GPS-Hardware zu installieren. Folglich würde diese App im Play Store nur für Geräte angeboten werden, die mit GPS ausgerüstet sind. Ähnliches gilt für andere Hardware-Anforderungen wie Bluetooth, WLAN, eine gewisse Display-Größe oder eine Mindesttaktzahl des Prozessors.

Apps aus dem Play Store ruck, zuck installieren

Das Installieren von Apps aus dem Google-Store ist recht komfortabel, da die Dateien direkt via Internet auf das Gerät heruntergeladen und installiert werden. Im Prinzip müssen Sie nur Ihr Okay dazu geben, das aber mehrfach:

1 Haben Sie eine App für Ihre Zwecke gefunden, tippen Sie auf die dazugehörende *Installieren*-Schaltfläche.

2 Daraufhin wird angezeigt, welche Funktionen diese App nutzt. Dies dient Ihrer Sicherheit. Wenn eine App z. B. auf vertrauliche Daten wie Ihre Kontakte zugreifen möchte, können Sie sich hier nochmals überlegen, ob Ihnen das wirklich recht ist.

Wenn ja, setzen Sie die Installation mit *Akzeptieren/Herunterladen* fort.

3 Nun beginnt der Download der App. Ist dieser vollständig, installiert Android die Anwendung auch gleich. Das passiert alles automatisch im Hintergrund. Sie bekommen davon lediglich Meldungen in der Statusleiste mit.

4 Nach dem Abschluss der Installation finden Sie dauerhaft ein entsprechendes Symbol in der Statusleiste. Ziehen Sie die Statusleiste dann mit dem Finger nach unten, um die dazugehörende Meldung zu sehen.

5 Mit einem Klick auf die Meldung können Sie die neu installierte App direkt zum ersten Mal starten. Oder Sie löschen die Meldung einfach und rufen die Anwendung später ganz regulär über das App-Verzeichnis auf.

Kostenpflichtige Apps kaufen

Neben den zahlreichen kostenlosen Apps im Play Store gibt es auch jede Menge kostenpflichtiger Programme. Diese können per Kreditkarte bezahlt werden.

1 Bei Bezahl-Apps finden Sie anstelle der *Installieren*-Schaltfläche einen Button mit dem Preis der App, mit dem Sie den Kaufvorgang starten.

2 Daraufhin erhalten Sie zunächst eine Abrechnung auf dem Bildschirm. Das Auswählen der Zahlungsmethode ist etwas witzlos, weil der Play Store bislang (Stand Ende 2012) nur Kreditkartenzahlung zulässt. Ausnahme sind einzelne Mobilfunkprovider, die alternativ das Bezahlen per Telefonrechnung zulassen.

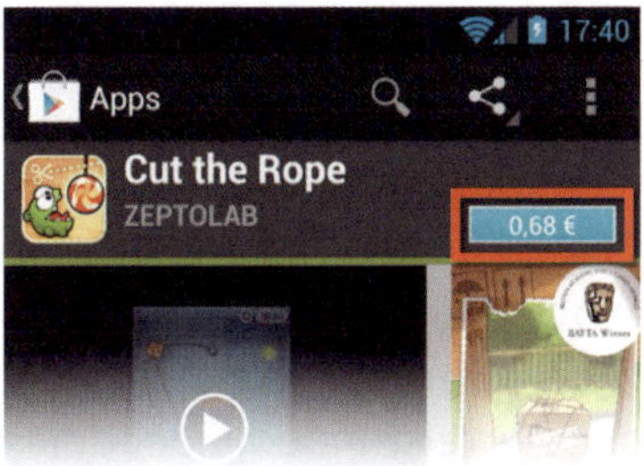

3 Haben Sie die Kreditkarte als Zahlungsmittel ausgewählt, füllen Sie das anschließende Formular mit den Daten Ihrer Karte aus und *Speichern* diese. Diese Daten werden also gespeichert, sodass Sie die Karte bei weiteren Käufen dann einfach auswählen können.

4 Stimmen Sie schließlich den Nutzungsbedingungen zu und tippen Sie auf *Akzeptieren & kaufen*. Die gekaufte Anwendung wird nun wie jede andere App auch heruntergeladen und installiert.

Gekaufte Apps zurückgeben und Preis erstatten lassen

Alle Kauf-Apps im Play Store können Sie für einen leider nur sehr kurzen Zeitraum von 15 Minuten zunächst ausprobieren. Testen Sie also nach einem App-Kauf sofort, ob die App Ihren Vorstellungen entspricht und vor allem ob sie auf Ihrem Gerät ordentlich läuft. Wenn nicht, können Sie die App innerhalb dieser Viertelstunde wieder deinstallieren und sich den Kaufpreis erstatten lassen.

1 Um eine gekaufte App zurückzugeben, öffnen Sie die Startseite des Stores und wählen dort die Rubrik *Downloads* bzw. *Meine Apps*.

2 Hier werden alle Apps angezeigt, die Sie derzeit heruntergeladen bzw. gekauft haben. Tippen Sie auf die fragliche Anwendung.

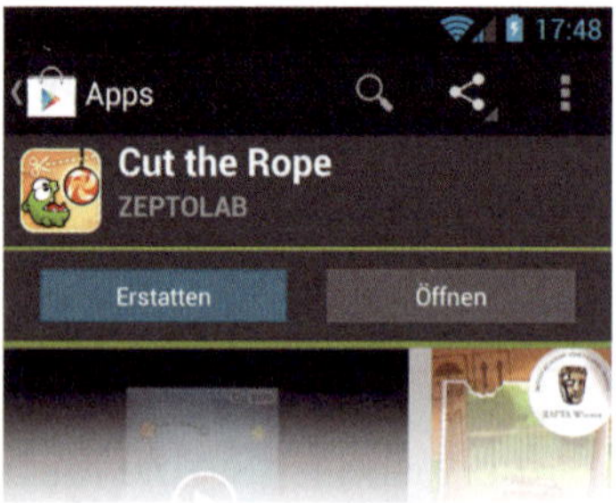

3 Ist der Testzeitraum noch nicht abgelaufen, finden Sie hier eine *Erstatten*-Schaltfläche. Tippen Sie darauf.

4 Bestätigen Sie anschließend mit *Ja*, dass Sie sich diesen Kauf erstatten lassen möchten.

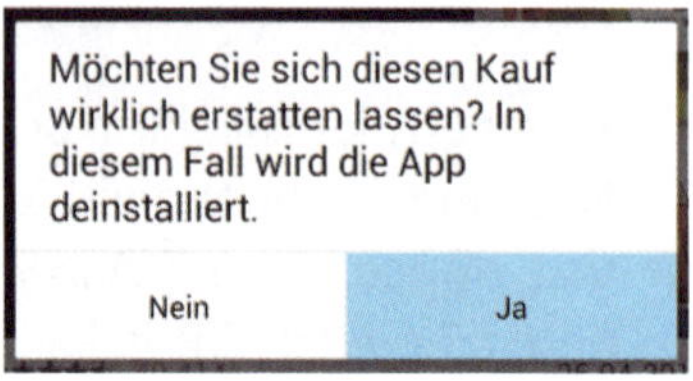

5 Die App wird nun deinstalliert und der Kauf storniert. Der Kaufpreis wird also gar nicht erst von Ihrer Kreditkarte abgebucht.

Hinweis: Gekaufte Apps deinstallieren

Sie können bezahlte Apps jederzeit von Ihrem Gerät deinstallieren, z. B. wenn der Speicherplatz knapp wird. Der Play Store merkt sich, welche Apps Sie erworben haben. Sie können die einmal bezahlten Apps also jederzeit wieder installieren, ohne erneut dafür zu bezahlen. Die gekauften Apps sind an das Google-Konto gebunden, mit dem Ihr Smartphone verknüpft ist. Dadurch können Sie gekaufte Apps auch bei einem Wechsel des Geräts „mitnehmen" oder auf anderen Android-Geräten nutzen. Sie müssen dazu nur die Geräte mit demselben Google-Konto verknüpfen.

Abseits des offiziellen Stores: Software aus anderen Quellen installieren

Der Google Play Store ist nur eine Quelle für Apps. Prinzipiell lassen sich Android-Anwendungen einfach als Datei aus dem Netz herunterladen und auf dem Gerät installieren. Da das Veröffentlichen von Apps für Entwickler mit Kosten verbunden ist (selbst wenn die Apps kostenlos angeboten werden), stellen manche ihre Apps einfach als Download auf einer Website bereit. Allerdings ist dieser Weg auf den meisten Android-Geräten aus Sicherheitsgründen standardmäßig blockiert.

1 Öffnen Sie im Hauptmenü die *Einstellungen* und darin den Bereich *Sicherheit* (bei älteren Android-Versionen findet sich diese Einstellung im Bereich *Anwendungen*).

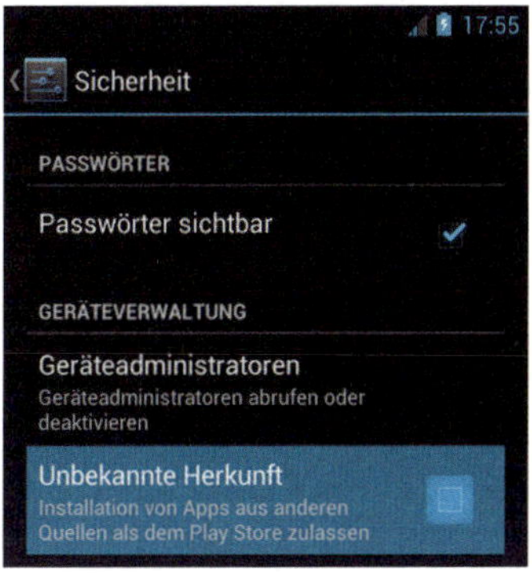

2 Hier finden Sie im Abschnitt Geräteverwaltung die Option *Unbekannte Herkunft – Instal-*

lationen von Apps aus anderen Quellen als dem Play Store zulassen (oder ähnlich). Tippen Sie darauf, um diese Einstellung zu aktivieren.

3 Bestätigen Sie die anschließende Warnung bezüglich Apps aus unbekannten Quellen mit *OK*.

4 Anschließend wird diese Einstellung mit einem grünen Häkchen versehen. Sie können das Menü dann einfach verlassen.

Hinweis: Sicherheitsrisiken auch bei Android

Genauso wie bei Windows und anderen Betriebssystemen besteht auch bei Android das Risiko, sich mit dem Herunterladen einer App zugleich Schadsoftware wie Viren oder Trojaner einzufangen. Beim offiziellen Store sorgt Google für eine gewisse Kontrolle. Wenn Sie selbst direkt aus dem Web Apps herunterladen, sollten Sie vorsichtig sein und nur vertrauenswürdige Quellen oder einen der für Android verfügbaren Virenscanner nutzen wie z. B. die App Lookout Mobile Security.

Android-Apps selbst herunterladen

Android-Apps werden in Dateien mit der Endung *.apk* verbreitet. Um sie ohne Play Store direkt zu beziehen, können Sie verschiedene Wege gehen. So können Sie die Datei über den Webbrowser des Smartphones herunterladen oder übertragen die Datei vom PC auf das Smartphone. Zum Installieren der App benötigen Sie dann einen Dateimanager, der Android nicht standardmäßig beiliegt. Hierfür können Sie z. B. die kostenlose App ANDExplorer benutzen, die sich auf deutschsprachigen Geräten automatisch auch mit einer deutschsprachigen Oberfläche präsentiert.

1 Starten Sie den ANDExplorer und navigieren Sie auf der SD-Karte zu dem Ordner, in dem die *.apk*-Datei der App gespeichert ist.

2 Tippen Sie die Datei an. Der Dateimanager erkennt automatisch, dass es sich um eine Installationsdatei handelt, und öffnet den App-Manager.

3 Hier tippen Sie auf die *Installieren*-Schaltfläche, um die in der *.apk*-Datei enthaltene Anwendung zu installieren.

4 Damit starten Sie den normalen Installationsvorgang von Android, wie er auch im Play Store abläuft, nur dass eben das Herunterladen entfällt.

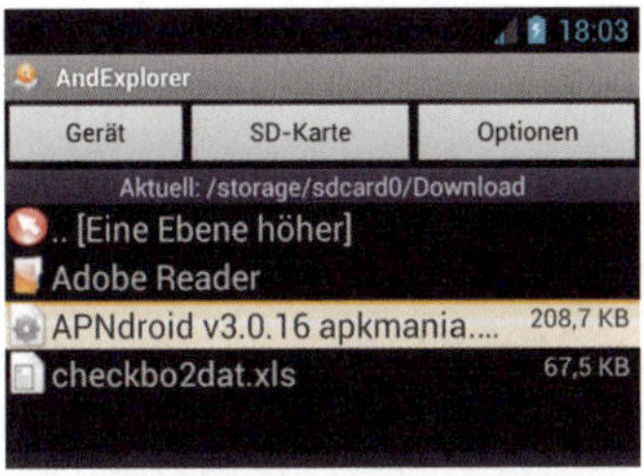

Apps und Adressen per Barcodescanner erfassen

Vielleicht sind Ihnen schon mal die kleinen viereckigen Klötzchengrafiken aufgefallen. Man findet sie in Zeitschriften, auf Werbeplakaten und Flyern und immer häufiger auch im Internet auf Webseiten. Dabei handelt es sich um Barcodes, in denen eine Internetadresse verschlüsselt ist. Gern handelt es sich dabei auch um Links direkt zu bestimmten Apps im Play Store. Vorteil dieser Methode: Anstatt mühsam Links abtippen zu müssen, erfassen Sie den Barcode mit der Kamera Ihres Smartphones und können die entsprechende Webseite dann direkt öffnen. Dazu benötigen Sie lediglich eine App zum Lesen von Barcodes wie z. B. den kostenlosen NeoReader.

1 Wenn Sie einen Barcode erspäht haben, starten Sie die Barcode-App auf Ihrem Smartphone.

2 Diese aktiviert automatisch die Kamerafunktion des Geräts. Richten Sie die Kamera so aus, dass der Barcode gut und mittig im Display des Smartphones zu sehen ist. Eventuell müssen Sie etwas näher heran oder weiter weg. Wichtig: Sie brauchen die Kamera dabei nicht auszulösen.

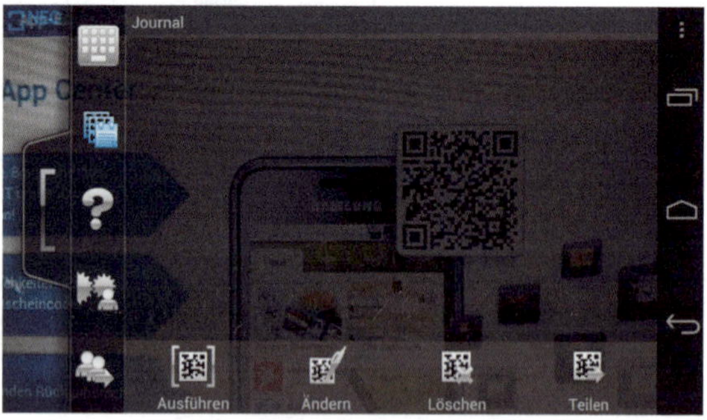

3 Die App versucht laufend, im aktuellen Vorschaubild der Kamera einen Barcode zu erkennen. Gelingt dies, signalisiert sie den Erfolg und zeigt Ihnen am Bildschirm die entschlüsselte Nachricht an.

4 Handelt es sich dabei um einen Weblink, können Sie diesen mit einem weiteren Antippen direkt *Im Browser öffnen*.

Platz ohne Ende: Apps auf der SD-Karte installieren

Neuere Android-Smartphones werden meist mit reichlich Speicher ausgeliefert, den sich Apps, Bilder, Musik und Videos teilen können. Bei älteren Geräten ist der interne Speicherplatz meist knapper bemessen, dafür kann aber eine SD-Karte als Erweiterung eingesteckt werden. Bei Geräten ab Android-Version 2.2 können Sie Anwendungen auf eine solche SD-Karte verschieben, um den begrenzten internen Speicher zu entlasten.

1 Installieren Sie die App dazu zunächst wie gewohnt. Dafür wird der interne Speicher verwendet.

2 Öffnen Sie dann die *Einstellungen*, darin den Bereich *Anwendungen* und tippen Sie dort auf *Anwendungen verwalten*.

3 Hier finden Sie im Bereich *Heruntergeladen* alle Apps, die Sie bislang aus dem Play Store geladen und installiert haben. Wählen Sie die Anwendung aus, die Sie auf die SD-Karte verschieben möchten.

4 Tippen Sie hier auf *Auf SD-Karte verschieben* und warten Sie kurz, während diese Aktion durchgeführt wird. Nach kurzer Zeit ändert sich die Schaltfläche zu *Auf Telefon verschieben*. Nun ist die App auf der SD-Karte installiert und der zuvor belegte Platz im internen Speicher freigegeben.

Hinweis: Die Schaltfläche zum Verschieben ist inaktiv?

Nicht alle Apps lassen sich auf die SD-Karte verschieben. Zum einen muss der Entwickler des Programms dafür extra Vorkehrungen getroffen haben. Zum anderen gibt es auch Apps, bei denen dies aus technischen Gründen nicht möglich ist. Wenn sich eine App nicht auf die SD-Karte verschieben lässt, können Sie die entsprechende Schaltfläche nicht auswählen. Daran lässt sich höchstens durch eine neuere (zukünftige) Version der App, die diese Funktionalität ermöglicht, etwas ändern.

Hängende Programme: zickende Software gezielt beenden

Im Allgemeinen sorgt das Betriebssystem Android selbst für eine gewissen „Hygiene" bei den Apps. Hängende Programme sind dadurch eher selten, können aber durchaus vorkommen. Das Beenden ist dann nicht ganz einfach, weil ein klassisches „Schließen" einer App bei Android nicht vorgesehen ist. Man kehrt einfach z. B. zum Startbildschirm zurück, und die Zombie-App bleibt im Hintergrund. Irgendwann wird sie automatisch aus dem Speicher entfernt, wenn dieser für andere Aufgaben benötigt wird. Sie können Anwendungen aber auch gezielt beenden.

1. Öffnen Sie die *Einstellungen* und darin den Bereich *Apps*.
2. Hier finden Sie direkt oder (bei neueren Versionen) in der Rubrik *Aktiv* eine Liste der derzeit ausgeführten Programme. Warten Sie ggf. etwas, bis diese Liste vollständig mit Informationen gefüllt ist.
3. Suchen Sie den Eintrag der problematischen App und tippen Sie diesen an.

4 In den Details zu dieser Anwendung finden Sie eine Schaltfläche *Stoppen erzwingen*, mit der Sie die App unmittelbar aus dem Speicher entladen können.

Hinweis: Taskmanager & Co.

Im Zusammenhang mit dem Beenden von Apps wird auch gern auf Taskmanager verwiesen, die andere Apps beenden können und dadurch Speicher und Energie sparen sollen. Solche Empfehlungen sind mit Vorsicht zu genießen, denn im Prinzip benötigt Android solche Maßnahmen nicht. Es kümmert sich selbst um die laufenden Apps und beendet sie ggf., wenn der Speicher anderweitig benötigt wird. Taskmanager ermöglichen dem Anwender zwar mehr Komfort und Kontrolle über diese Vorgänge, das kann aber auch nach hinten losgehen und die Apps erhöhen durch ihre eigene Aktivität den Stromverbrauch letztlich spürbar.

Nervige Werbe-Benachrichtigungen von Apps unterdrücken

Klar, über verpasste Anrufe, neue SMS oder eingegangene Mails möchte man gerne sofort informiert werden. Bei Android geht das (neben akustischen Hinweisen) über ein Symbol oben links auf dem Bildschirm. Leider kann diese Benachrichtigungsfunktion von jeder App für beliebige Zwecke genutzt werden. Manche Gratis-App pflastert den Bildschirm auf diese Weise mit Werbung zu. Ab Android 4.1 „Jelly Bean" ist damit Schluss. Damit können Sie festlegen, dass einzelne Apps einfach gar keine Benachrichtigungen mehr auf den Bildschirm senden dürfen. Warten Sie dazu einfach, bis Sie mal wieder so einen lästigen Hinweis präsentiert bekommen.

1 Wischen Sie am oberen Bildschirmrand nach unten, um den Benachrichtigungsbereich anzuzeigen.

2 Tippen Sie hier lange auf die unerwünschte Benachrichtigung und wählen Sie dann *App-Details*. Dies bringt Sie zu den ausführlichen Informationen dieser App. (Diesen Dialog können Sie auch jederzeit in den Android-Einstellungen unter *Apps* aufrufen.)

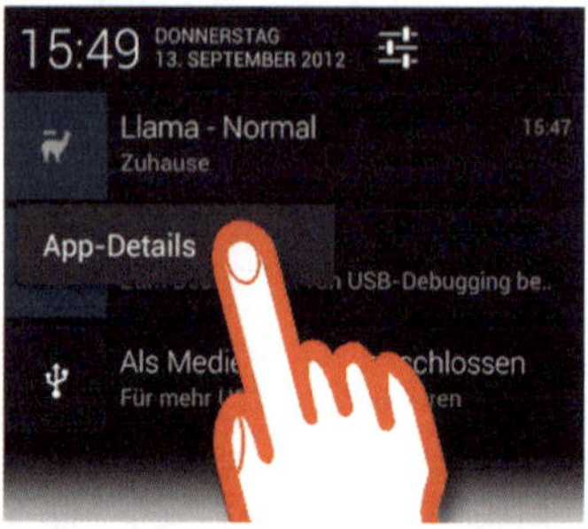

3 Hier findet sich ab Android 4.1 nun zusätzlich die Option *Benachrichtigungen zeigen*. Sie ist standardmäßig bei jeder App aktiviert, sodass alle Apps erst einmal Benachrichtigungen senden dürfen.

4 Tippen Sie auf die Option, um die Benachrichtigungen dieser App zu blockieren, und bestätigen Sie den Sicherheitshinweis vor dem Deaktivieren mit *OK*.

5 Anschließend gelangen Sie zurück in die App-Einstellungen, wo die Option nun ausgeschaltet ist. Ab sofort haben Sie Ruhe vor dieser App.

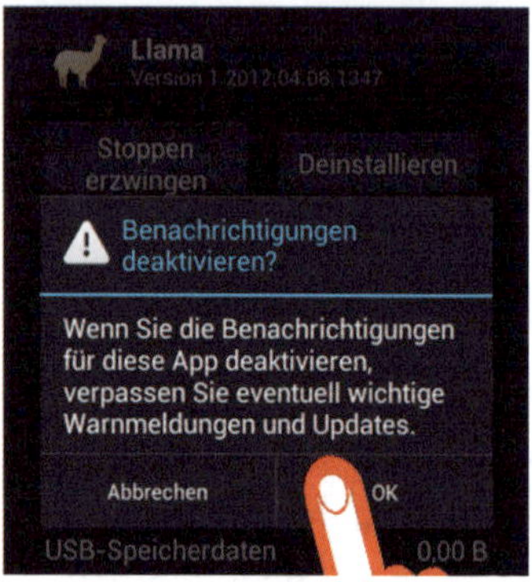

Das System weist Sie beim Deaktivieren richtigerweise darauf hin, dass Sie auf diese Weise sämtliche Benachrichtigungen von dieser App abschalten. Eine Unterscheidung, welche Benachrichtigungen zulässig sind und welche nicht, ist nicht möglich. Dies müsste - wenn überhaupt - durch die Einstellungen innerhalb der fraglichen App selbst geschehen.

Platz schaffen: Software restlos deinstallieren

Die Programme, mit denen Ihr Smartphone ausgeliefert wurde, können Sie in der Regel nicht entfernen. Haben Sie Apps nachträglich selbst installiert, lassen sich diese aber auch wieder deinstallieren. Dafür gibt es verschiedene Vorgehensweisen, z. B. über den Play Store. Die folgende Methode funktioniert aber bei allen eigenen Apps, also auch bei Anwendungen aus anderen Quellen.

1. Öffnen Sie die *Einstellungen* und darin den Bereich *Apps*.
2. Hier finden Sie direkt oder (bei neueren Versionen) in der Rubrik *Alle* eine Liste der derzeit installierten Programme. Warten Sie ggf. etwas, bis diese Liste vollständig mit Informationen gefüllt ist.
3. Suchen Sie den Eintrag der zu entfernenden App und tippen Sie diese an.

4. In den Details zu dieser Anwendung finden Sie eine Schaltfläche *Deinstallieren*, mit der Sie die App entfernen.
5. Bestätigen Sie dazu die Sicherheitsrückfrage mit *OK*. Anschließend erhalten Sie eine Meldung, wenn die Deinstallation abgeschlossen ist.

Der Schnell-Überblick

- Ihr Smartphone wird schon mit einer Reihe von Funktionen und Programmen ausgeliefert. Im Google Play Store finden Sie zusätzlich eine riesige Auswahl von weiteren Apps, mit denen Sie andere Aufgaben erledigen oder einfach Spaß haben können.
- Das Herunterladen und Installieren erfolgt direkt in wenigen Schritten über das Internet. Am besten verwenden Sie hierfür aber eine WLAN-Verbindung, um Zeit und Kosten zu sparen.
- Kostenpflichtige Apps können mit einer Kreditkarte bezahlt werden. Innerhalb von 15 Minuten nach dem Kauf können Sie die App „zurückgeben" und bekommen die Kosten erstattet. Das reicht zwar oft nur, um das generelle Funktionieren der App festzustellen, aber immerhin.
- Neben dem Play Store stehen Ihnen auch andere Quellen zur Verfügung, die aber mit etwas Vorsicht zu genießen sind. Ein Virenscanner ist eine durchaus sinnvolle Ergänzung.
- Sollte der interne Speicher Ihres Smartphone knapp werden, können Sie Apps auch auf eine eingesteckte SD-Karte auslagern und haben so fast unbegrenzt Platz für zusätzliche Spiele und Anwendungen.
- Auch Android-Apps können regelmäßig aktualisiert werden. Das Gerät weist Sie darauf hin, wenn ein neues Update vorliegt. Sollten diese Meldungen zu lästig werden, können Sie für jede App auch ein automatisches Update festlegen, das dann jeweils ohne Ihr Zutun erfolgt.

5. Twitter, Facebook & Co. unterwegs nutzen – mobiles Social Networking

Wer intensiv an sozialen Netzwerken teilnimmt, will das nicht nur am heimischen PC tun, sondern jederzeit und überall. Ein Android-Smartphone bringt dafür alle Voraussetzungen mit und verbindet Sie mit den richtigen Apps permanent mit Ihren Onlinefreunden.

- Wie kann ich Twitter-Nachrichten auf meinem Smartphone jederzeit verfolgen? ▶ Seite 89
- Wie kann ich eigene Tweets von unterwegs veröffentlichen? ▶ Seite 92
- Wie kann ich aktuelle Facebook-Informationen mobil abrufen? ▶ Seite 93
- Wie kann ich Statusmeldungen von unterwegs an mein Facebook-Profil senden? ▶ Seite 94
- Wie kann ich Bilder von meinem Smartphone direkt bei Twitter, Facebook & Co. veröffentlichen? ▶ Seite 94

Immer auf dem Laufenden: Twitter auf dem Smartphone

Twitter gehört für viele Nutzer inzwischen zum Alltag. Die kurzen Nachrichten halten Sie auf dem Laufenden und machen auf interessante Neuigkeiten aufmerksam. Mit der Twitter-App für Android bekommen Sie das alles auf Ihr Smartphone. Diese Anwendung meldet neue Tweets, und selbstverständlich können Sie damit auch selbst Meldungen veröffentlichen.

1 Tippen Sie beim ersten Start des Programms auf *Anmelden*.

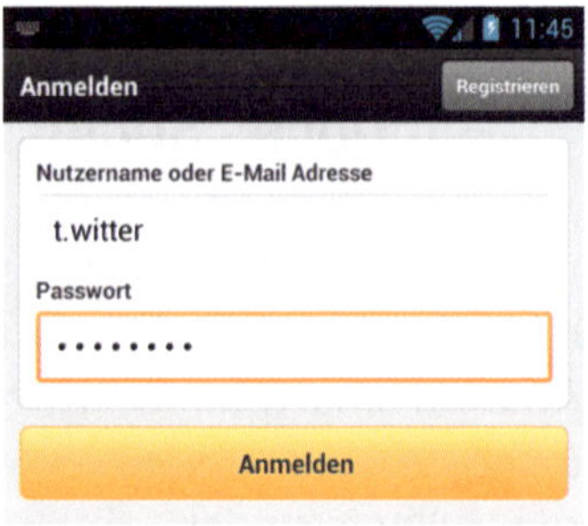

2 Tippen Sie dann Ihren Twitter-Nutzernamen und das dazugehörende Passwort ein.

3 Tippen Sie darunter auf *Anmelden*.

4 Die App meldet sich mit den Daten an und merkt sich diese. Sie brauchen sie in Zukunft also nicht immer wieder einzugeben.

5 Außerdem bezieht die App Ihre aktuellen Tweets und zeigt sie auf dem Bildschirm an.

Neue Tweets sofort am Smartphone empfangen

Mit der Twitter-App bleiben Sie ständig auf dem Laufenden. Das Programm prüft in regelmäßigen Abständen, ob neue Tweets für Sie vorliegen, und meldet diese.

1 Drücken Sie in der Twitter-App die Menü-Taste und wählen Sie im Menü den Befehl *Einstellungen*.

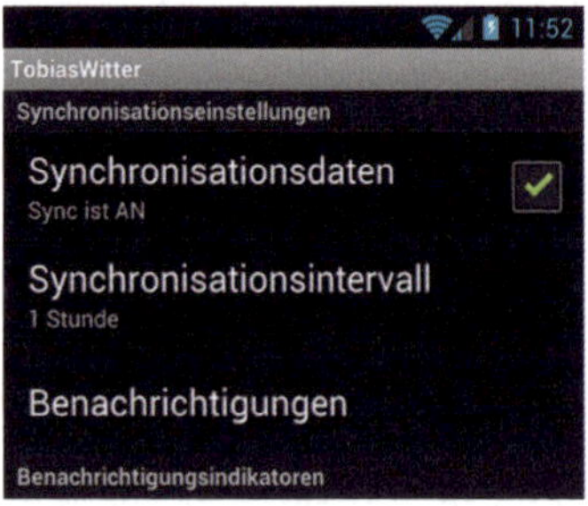

2 Tippen Sie dort auf den Eintrag Ihres Twitter-Kontos.

3 Dort können Sie mit *Synchronisationsdaten* die Aktualisierung insgesamt ein- und ausschalten, um z. B. Onlinekosten zu sparen.

4 Bei *Synchronisationsintervall* legen Sie fest, wie häufig die App nach neuen Daten Ausschau halten soll.

5 Mit einem Tipp auf *Benachrichtigungen* legen Sie fest, auf welche Arten von Neuigkeiten Sie durch Ihr Smartphone hingewiesen werden möchten.

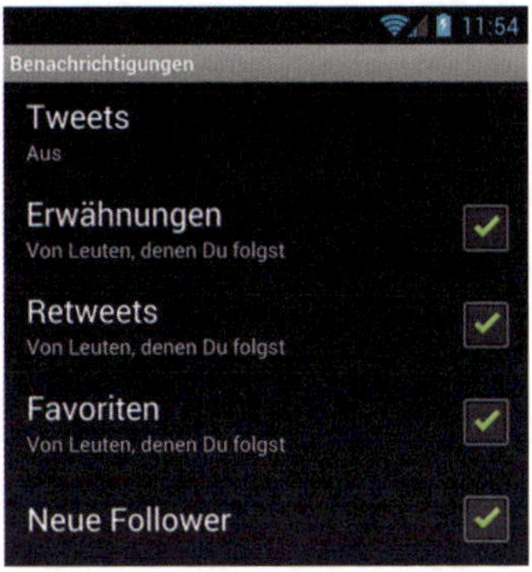

Haben Sie Benachrichtigungen aktiviert, macht Ihr Smartphone Sie automatisch darauf aufmerksam, wenn Neuigkeiten vorliegen:

1 In der Statusleiste wird ein Twitter-Symbol mit der Anzahl der neuen Tweets angezeigt.

2 Wenn Sie nun die Symbolleiste mit dem Finger nach unten ziehen, um die Statusinformationen anzuzeigen, finden Sie dort direkt eine Vorschau mit dem neuesten Tweet.

3 Tippen Sie die Vorschau an, starten Sie die Twitter-App, die Ihnen den bzw. die neuesten Tweets komplett anzeigt.

4 Hier können Sie auch direkt auf enthaltene Links klicken, um Webseiten oder Bilder anzuzeigen.

5 Nach dem Lesen können Sie die Twitter-App einfach mit der Zurück-Taste schließen. Die Benachrichtigung in der Symbolleiste wird ausgeblendet und erscheint erst wieder, wenn es neue Tweets gibt.

Reisemeldungen: eigene Nachrichten sofort twittern

Mit der Twitter-App können Sie selbstverständlich auch selber Tweets erstellen und veröffentlichen.

1 Starten Sie die Twitter-App und tippen Sie dort ganz oben rechts auf das Schreibensymbol.

2 Nun können Sie direkt Ihre Nachricht in das Feld *Was gibt's Neues?* eintippen.

3 Oben zählen links neben der *Tweet*-Schaltfläche die Zeichen mit. Unten können Sie zusätzliche Elemente wie Links, Bilder oder Ihren Standort in den Tweet einfügen.

4 Tippen Sie schließlich oben rechts auf *Tweet*, um die Nachricht zu veröffentlichen.

Tipp: Twitter als Widget auf dem Bildschirm

Wenn Sie die Twitter-App installiert haben, können Sie auch ein Twitter-Widget auf dem Startbildschirm einfügen. Dieses zeigt ständig die neuesten Tweets an und bringt auch ein Eingabefeld mit, in dem Sie jederzeit direkt eigene Tweets erstellen und veröffentlichen können.

Facebook mobil: ständig auf dem Laufenden bleiben

Auch für das beliebte Facebook-Netzwerk gibt es eine eigene „offizielle" App (sowie diverse Alternativen anderer Anbieter im Play Store). Sie stellt Ihnen die wichtigsten Facebook-Funktionen direkt auf Ihrem Smartphone bereit.

1 Geben Sie beim ersten Start der App die E-Mail-Adresse und das Passwort an, mit denen Sie bei Facebook als Benutzer registriert sind.

2 Tippen Sie dann auf *Anmelden*, um die App mit Ihrem Facebook-Konto zu verbinden.

3 Nehmen Sie die Tipps ggf. zur Kenntnis und tippen Sie dann unten rechts auf *Fertigstellen*.

4 Die App lädt dann direkt die aktuellen Neuigkeiten, wie Sie sie auch auf der Startseite des Facebook-Webangebots vorfinden würden. So sieht es in Zukunft bei jedem Start der App aus.

5 Mit einem Druck auf das Menüsymbol oben links blenden Sie das Hauptmenü ein, das Ihnen die wesentlichen Facebook-Funktionen zur Verfügung stellt.

6 Liegen persönliche Benachrichtigungen für Sie vor, erkennen Sie dies sofort an der Leiste ganz unten auf dem Bildschirm, mit der Sie Ihre Nachrichten auch abrufen können.

Statusupdates jederzeit von unterwegs melden

Mit der Facebook-App können Sie auch jederzeit selbst Informationen wie z. B. Statusupdates veröffentlichen.

1 Tippen Sie oben links auf die *Status*-Schaltfläche.

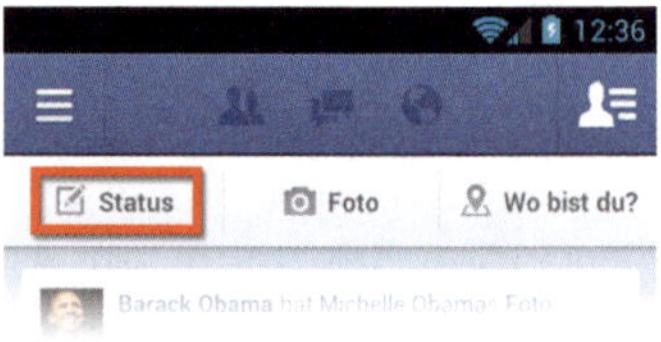

2 Sie wechseln dann zur Nachrichtenseite, wo Sie das Eingabefeld *Was machst Du gerade?* finden.

3 Tippen Sie hier Ihre Nachricht ein.

4 Tippen Sie dann rechts oben auf *Posten*, um die Nachricht zu veröffentlichen.

Frische Fotos direkt hochladen & veröffentlichen

Wenn Sie Freunde und Bekannte nicht nur per Textnachrichten, sondern auch mit Bildern an Ihren Erlebnissen teilnehmen lassen möchten, so geht auch das direkt vom Smartphone aus. Die Facebook-App etwa bietet Ihnen die Möglichkeit, frisch geknipste Bilder direkt in Ihrem Profil zu veröffentlichen.

1 Tippen Sie auf der Startseite auf die *Foto*-Schaltfläche.

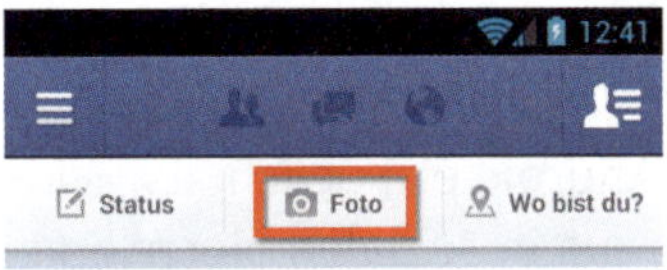

2 Die App zeigt dann automatische die Bildergalerie Ihres Smartphones an. Setzen Sie hier ein Häkchen bei den Bildern, die Sie veröffentlichen möchten.

3 Wollen Sie mit der Kamera ein Bild aufnehmen, tippen Sie stattdessen auf das Kamerasymbol unten links.

4 Dann wird direkt die Kamera-App gestartet, und Sie können ein Foto erstellen. Sollten mehrere Kamera-Apps installiert sein, können Sie die bevorzugte auswählen.

5 Knipsen Sie nun das Bild mit der Kamera-App. Anschließen kehren Sie in die Bilderauswahl der Facebook-App zurück und wählen das frisch geknipste Bild dort aus.

6 Tippen Sie dann unten rechts auf das Schreibensymbol. Nun können Sie noch einen Untertitel zum Bild angeben.

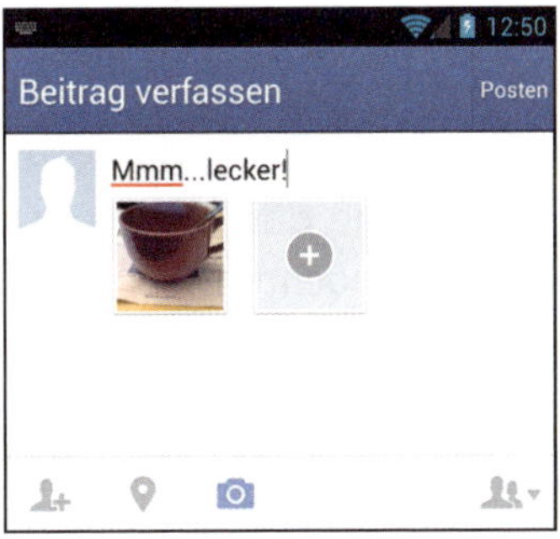

7 Tippen Sie dann oben rechts auf *Posten*, um das Bild in Ihrer Onlinegalerie zu veröffentlichen.

Bilder aus beliebigen Anwendungen heraus bei Facebook & Co. veröffentlichen

Android ermöglicht es, Bilder aus beliebigen Anwendungen heraus in sozialen Netzwerken oder anderen Onlinegalerien zu veröffentlichen. Sie brauchen also nicht aus der Facebook-App heraus zu knipsen, sondern können umgekehrt ein Bild direkt aus der Kamera-App oder der Galerie bei Facebook, Twitter oder MySpace hochladen.

1 Hierfür finden Sie in den meisten bildbezogenen Apps im Menü das Teilensymbol.

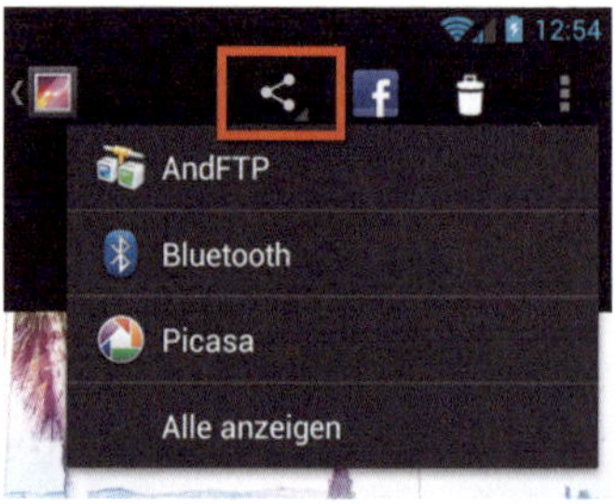

2 Damit öffnen Sie eine Liste aller vorhandenen Apps, die etwas mit Bildern anfangen können. Hier sind typischerweise auch die Apps für soziale Netzwerke und Onlineplattformen wie Facebook, Twitter, MySpace usw. versammelt (wenn denn entsprechende Apps installiert sind).

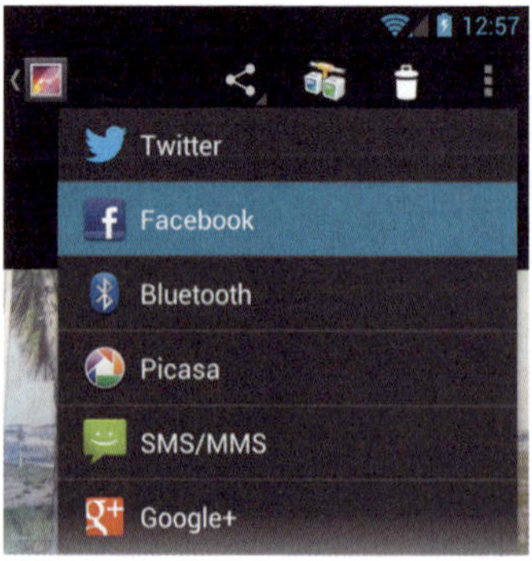

3 Tippen Sie den Dienst an, bei dem Sie das Bild veröffentlichen möchten.

4 Die App wird dann gestartet und die entsprechende Funktion direkt aktiviert. Ab hier geht es dann genau so weiter, als wenn Sie von der App das Fotohochladen veranlasst hätten.

Der Schnell-Überblick

- Ein Android-Smartphone eignet sich optimal, um soziale Netzwerke auch von unterwegs zu nutzen. Für die gängigen Plattformen wie Twitter oder Facebook gibt es verschiedene Apps, teils „offizielle" von den Plattformbetreibern, teils unabhängige von anderen Entwicklern.
- Die Twitter-App stellt Ihnen den gesamten Funktionsumfang dieses Dienstes auf dem Smartphone zur Verfügung. Treffen neue Tweets für Sie ein, macht das Gerät Sie darauf aufmerksam. Sie können die Texte dann lesen sowie enthaltenen Links direkt folgen. Ebenso können Sie selbst Nachrichten verfassen, die dann in Ihrem Twitter-Konto veröffentlicht werden.
- Auch Facebook bietet eine Android-App, welche die wesentlichen Funktionen der Plattform auf dem Smartphone zugänglich macht. Sie können damit nicht nur Nachrichten empfangen und Ihren Freunden folgen, sondern auch selbst Statusupdates und Bilder veröffentlichen.
- Die meisten bildbezogenen Apps wie Kamera-, Galerie- oder Bildbearbeitungs-Apps bieten eine *Verteilen*-Funktion zum Weiterleiten von Bildern. Hierbei können Sie wählen, welche App dabei verwendet werden soll. So können Sie z. B. frisch geknipste Bilder von der Kamera aus direkt bei Facebook oder MySpace veröffentlichen.

6. Bilder, Video & Musik – Android als Medienzentrale und mobiler Player

Ihr Android-Smartphone kann auch im Multimediabereich mithalten. Die eingebaute Kamera reicht für Schnappschüsse und spontane Videoclips allemal. Auch für die Wiedergabe von Videos unterwegs ist die Leistung ausreichend, wenn Displaygröße und Klangqualität dem Filmgenuss nicht im Wege stehen. Und als Musikspieler kann ein Smartphone mit iPod & Co. locker mithalten, wenn die richtige Software an Bord ist.

- Wie kann ich mein Smartphone ganz komfortabel als MP3-Player verwenden? ▶ Seite 98
- Wie kann ich Musik und Videos aus meinem Heimnetzwerk direkt auf mein Smartphone streamen? ▶ Seite 100
- Wie kann ich mein Smartphone als Fernbedienung für mein Multimedia-Heimnetzwerk einsetzen? ▶ Seite 101
- Was kann ich machen, wenn ich mit der Kamera-Funktion meines Smartphones nicht zufrieden bin? ▶ Seite 101
- Wie kann ich Fotos direkt am Smartphone optimieren oder mit Effekten versehen? ▶ Seite 106
- Wie kann ich Fotos automatisch mit Standortdaten versehen lassen bzw. diese Informationen ggf. unterbinden? ▶ Seite 104

Mehr Komfort beim Musikabspielen

Android bringt standardmäßig eine App für die Wiedergabe von Musik mit. Diese reicht für einfache Ansprüche aus, aber für einen iPod-Ersatz darf es sicher etwas schicker und funktionaler sein. Die Auswahl an Musik-Apps im Google-Play-Store ist dementsprechend groß. Vielleicht kennen Sie vom PC den Musikplayer Winamp?

Für Android gibt es eine kostenlose Version davon als App. Sie bedient sich nicht nur besser als die Standard-App, sondern bietet auch zusätzliche Funktionen. Wenn Sie Winamp auch am PC nutzen, können Sie z. B. die beiden Player per WLAN synchronisieren.

Und besonders praktisch für umfangreichere Musiksammlungen ist die Suchfunktion:

1 Tippen Sie im Kontextmenü von Winamp auf die *Suche*-Schaltfläche (oder die *Suchen*-Hardware-Taste).

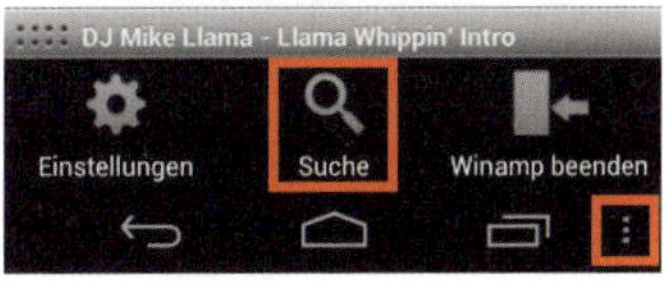

2 Beginnen Sie nun, den gesuchten Begriff einzutippen. Es kann der Name eines Musikstücks, eines Albums oder des Interpreten sein.

3 Nach einigen Zeichen finden Sie in der Auswahlliste darunter bereits passende Namen aus Ihrer Musiksammlung, die

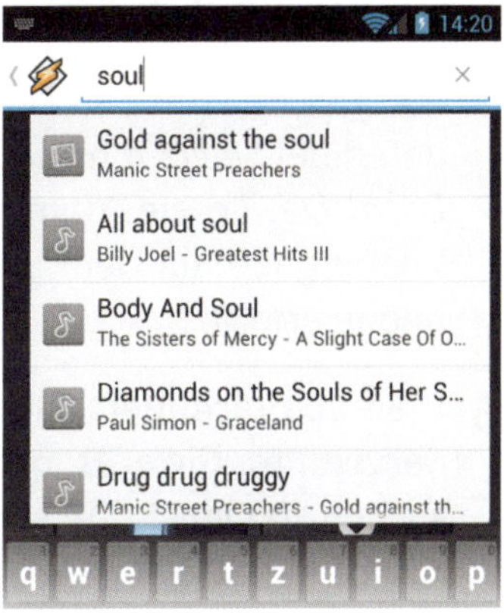

das Gesuchte vielleicht schon umfassen. Sonst tippen Sie einfach weiter.

4 Wird das gewünschte Element in der Auswahlliste angezeigt, tippen Sie darauf, um die Wiedergabe zu starten.

Musik & Video im Netz – das Smartphone als Streaming-Client nutzen

Wenn Sie Ihr Android-Smartphone in den eigenen vier Wänden als Musik- und Videoplayer nutzen möchten, brauchen Sie dafür nicht mal unbedingt Ihre ganze Medienbibliothek auf das Gerät zu kopieren. Ein Medienserver wie der Windows Media Player auf dem PC oder auch ein separates Gerät für diesen Zweck kann die Daten bei Bedarf an das Smartphone streamen. Dafür benötigen Sie lediglich eine Streaming-Client-App wie z. B. 2Player, die Sie kostenlos aus dem Play Store installieren können.

1 Wählen Sie nach dem Start oben mit *Select a source* aus, welcher Streaming-Server verwendet werden soll.

2 Auf gleiche Weise stellen Sie unten bei *Select a target* das *Local Device* ein, damit die Wiedergabe auf dem Smartphone erfolgt.

3 Die App präsentiert Ihnen dann die Inhalte des Streaming-Servers, wo Sie z. B. nach Interpreten, Alben oder Genre suchen können.

4 Wie genau die Navigationsmöglichkeiten sind, hängt vom verwendeten Server ab. Im Prinzip können Sie das Menü aber genau so nutzen, als wenn Sie den Server mit einem anderen Client wie z. B. dem Windows Media Player verwenden würden.

5 Haben Sie einen Clip oder eine Wiedergabeliste ausgewählt, puffert 2Player die Daten zunächst wenige Sekunden und beginnt dann mit dem Abspielen.

Tipp: 2Player als Fernsteuerung Ihrer Multimediageräte

Sie können 2Player auch als „Fernbedienung" nutzen, mit der Sie z. B. die Wiedergabe von Musik im ganzen Haus steuern. Wählen Sie dazu bei *Select a target* nicht das *Local Device*, sondern ein anderes Streaming-Wiedergabegerät aus, z. B. Ihre Audioanlage oder das vernetzte TV-Gerät. Dann fungiert das Smartphone einfach als komfortabler Mittelsmann zwischen Server und Client.

Komfortabler & besser: alternative Apps für Fotos & Videos

Eine Kamera gehört quasi zur Standardausrüstung bei Android-Smartphones und eine dazu passende App wird vom Hersteller mitgeliefert. Allerdings kann die Kamera-Hardware auch von anderen Apps genutzt werden, sodass es alternative Apps gibt, die bessere Leistungen und mehr Funktionen bieten. Kamera 360 etwa bietet eine kostenlose Free-Version an, die zahlreiche Funktionen und Effekte mitbringt, die man bei den Standard-Apps meist vergeblich sucht.

1 Nach der Installation finden Sie eine ganz normale App vor, die Sie einfach anstelle der „normalen" Kamerasoftware starten, wenn Sie Bilder aufnehmen möchten.

2 Jeweils zu Beginn können Sie einen Fotografiermodus und einen Stil auswählen. So können Sie Bilder schon bei der Aufnahme mit einem von zahlreichen Effekten versehen oder spezielle Aufnahmetechniken auswählen.

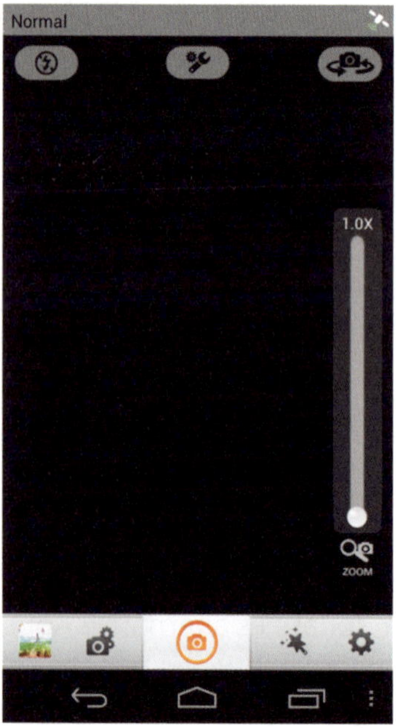

3 Wollen Sie einfach nur eine klassische Aufnahme ohne Filter & Co. machen, wählen Sie jeweils die Einstellung *Normal*.

4 Im eigentlichen Aufnahmemodus können Sie rechts in der Mitte mit dem Kamerasymbol die Aufnahme durchführen. Ganz oben in der Leiste öffnen Sie mit dem Einstellungssymbol die Optionen der App.

5 Mit Antippen des keinen Symbols links neben dem Auslöser öffnen Sie eine Leiste mit weiteren praktischen Funktionen, mit denen Sie den Fokus steuern, den Verwacklungsschutz aktivieren, einen Selbstauslöser starten, den Blitz einstellen oder die Georeferenzierung der Bilder veranlassen können.

Bilder erstellen und speichern

Unabhängig von den zahlreichen Einstellmöglichkeiten und Effekten ist das Fotografieren mit Kamera 360 auch nicht besonders kompliziert:

1 Halten Sie die Kamera Ihres Smartphones auf das gewünschte Objekt.

2 Stellen Sie mit dem Zoom-Balken ggf. den gewünschten Bildausschnitt (Zoom) ein. Hierfür kann bei vielen Geräten auch die Lautstärkewippe am Gerät verwendet werden.

3 Tippen Sie in der Mitte unten bzw. mittig (im Querformat) auf das Kamerasymbol. Verfügt Ihr Smartphone über eine Hardware-Taste für die Kamera, können Sie auch diese verwenden.

4 Halten Sie die Kamera ruhig, bis das Klick-Geräusch erklungen ist.

5 Nun wird die Aufnahme auf dem Bildschirm angezeigt, und Sie können entscheiden:

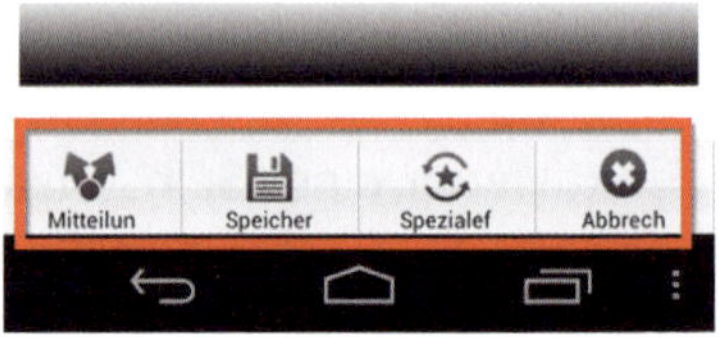

- Mit *Abbrech* können Sie das Bild verwerfen und eine weitere Aufnahme erstellen.
- Mit *Spezialef* können Sie das Bild noch mit einem der verschiedenen Spezialeffekte versehen, bevor Sie es endgültig speichern.
- Mit dem *Speicher*-Symbol speichern Sie das Bild auf der SD-Karte.
- Mit dem *Mitteilun*-Symbol rufen Sie eine andere Anwendung auf, um das Bild z. B. direkt in einem sozialen Netzwerk zu veröffentlichen.

Automatisches Erfassen des Standortes bei Fotos vermeiden

Smartphones bieten mit eingebauter Kamera und GPS-Empfänger alle Voraussetzungen, georeferenzierte Fotos herzustellen (siehe Infobox). Das ist ein zweischneidiges Schwert. Einerseits eine feine Sache, wenn man denn genau das will. Andererseits bedeutet es auch, dass veröffentlichte Bilder unter Umständen genaue Angaben enthalten, wann sie wo angefertigt wurden. Ob Bilder mit Georeferenzen versehen werden, hängt von der verwendeten Kamera-App ab. Unabhängig davon können Sie Standortbestimmungen durch Anwendungen generell unterbinden, wenn Sie diese Informationen schützen möchten:

1 Öffnen Sie in den Einstellungen im Bereich *Nutzer* die Kategorie *Standortdienste* (bei älteren Versionen die Rubrik *Standort & Sicherheit*).

2 Mit der Option *Standortdienste* legen Sie fest, ob das Smartphone Geodaten aus dem Mobilfunknetz und erreichbaren WLANs beziehen darf. Diese sind im Allgemeinen gröber, können in dicht besiedelten Städten aber auch auf unter 100 Meter genau sein.

3 Die Option *GPS-Satelliten* bestimmt, ob die eingebaute GPS-Hardware zur Positionsbestimmung verwendet werden darf. Sie könnte den Standort bis auf wenige Meter genau ermitteln.

Info: Georeferenzierung von Bildern

Unter Georeferenzieren versteht man das Versehen von Bildern mit Informationen über den Standort, von dem dieses Bild aufgenommen wurde. Dies ermöglicht es anschließend, die Herkunft von Bildern geografisch zu erfassen und z. B. auf einer Karte zu visualisieren. Es bedeutet aber auch, dass im Bild exakte Informationen über den Standort des abgebildeten Motivs enthalten sind. Gemeinsam mit dem Aufnahmezeitpunkt erlaubt das auch Aufschlüsse, wann Sie sich wo aufgehalten haben. Das sind Informationen, die Sie vielleicht – zumindest von Fall zu Fall – schützen möchten.

Photoshop Express: Bilder direkt am Smartphone bearbeiten

Selbst das Bearbeiten von Fotos direkt am Smartphone ist möglich, um z. B. eigene Schnappschüsse zu optimieren oder kleine Fehler auszubügeln. Das kostenlose Photoshop Express etwa ist mit seinem „großen Bruder“ für PCs sicherlich nicht vergleichbar, aber die kostenlose App bietet einige praktische Funktionen.

1. Wählen Sie nach dem Start zunächst den *Edit*-Modus und das Bild aus, das Sie bearbeiten möchten.

2. Die App zeigt das gewählte Bild dann bildschirmfüllend an. Oben finden Sie vier Symbole für die verschiedenen Bearbeitungsarten. Sie können jeweils darauf tippen, um eine Liste der Werkzeuge zu sehen.

3. Das Bearbeiten des Bildes selbst ist recht intuitiv. Beim Beschneiden (Crop) etwa wird ein Rahmen angezeigt, den Sie so anpassen, dass er genau den gewünschten Ausschnitt abdeckt.

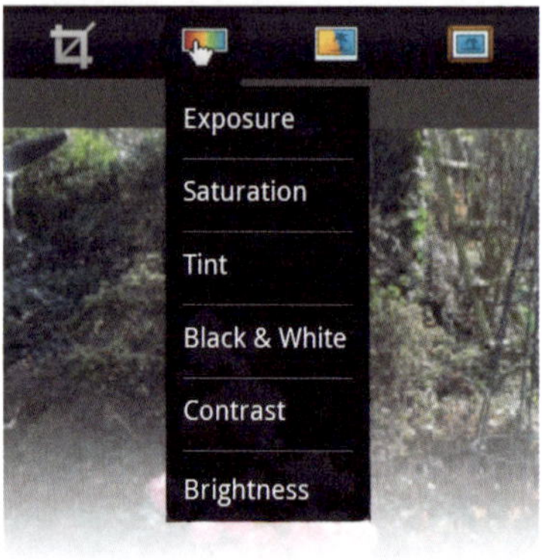

4 Beim Ausrichten oder Rotieren vollziehen Sie einfach per Fingerwisch eine entsprechende Bewegung auf dem Touchscreen.

5 Bei den Filtern und Effekten können Sie einfach mit dem Finger nach links oder rechts wischen, um die gewünschte Intensität einzustellen.

6 Für alle Bearbeitungen gilt: Sie sind zunächst vorläufig. Erst wenn Sie unten rechts auf das grüne Häkchen tippen, wird die Änderung übernommen. Bis dahin können Sie sie links mit dem roten *x* jederzeit rückgängig machen.

Der Schnell-Überblick

- Ein Android-Smartphone kann ein vollwertiger Ersatz für MP3-Player wie iPod & Co. sein. Die Musikdateien lassen sich z. B. per USB-Kabel bequem vom Windows Media Player übertragen. Für das komfortable Abspielen stehen im Play Store verschiedene Player-Apps wie z. B. die Android-Version von Winamp zur Verfügung.
- In Reichweite des heimischen Funknetzwerks kann das Smartphone die Musik- und Videosammlung auch direkt per Streaming wiedergeben. So erspart man sich das zeitaufwendige Kopieren der Daten.
- Anstelle der mitgelieferten Kamera-Software können auch Foto-Apps wie etwa Kamera 360 aus dem Play Store verwendet werden, die schneller, einfacher oder einfach besser funktionieren bzw. zusätzliche Funktionen und Gestaltungsmöglichkeiten bieten.

- Bildbearbeitung ist - zumindest in Grenzen - auch am Smartphone möglich. So lassen sich frisch geknipste Bilder vor dem Veröffentlichen noch schnell optimieren. Photoshop Express etwa ist der (sehr) kleine Android-Bruder des bekannten Profi-Bildbearbeitungsprogramms.
- Smartphones können Fotos automatisch mit Standortdaten versehen. Für die einen ist das eine praktische Hilfe, für andere ein Datenschutzproblem. In den Einstellungen lässt sich diese Funktion im Zweifelsfall zuverlässig deaktivieren.

7. Google-Maps-Navigation mit dem Android-Smartphone

Ein GPS-Empfänger für Geodaten gehört bei vielen Android-Geräten zur Standardausstattung. Damit fehlt zum vollwertigen Ersatz für ein „echtes“ Navigationsgerät nur noch die richtige Software.

- Was brauche ich, um mit meinem Smartphone navigieren zu können? ▶ Seite 109
- Wie steuere ich den GPS-Empfänger, um meine Position ganz genau festzustellen? ▶ Seite 110
- Wie kann ich auf einer Karte sehen, wo ich mich gerade befinde? ▶ Seite 111
- Wie kann ich mit meinem Smartphone im Auto navigieren? ▶ Seite 113
- Wie nutze ich die Smartphone-Navigation als Fußgänger? ▶ Seite 116
- Wie verwende ich mein Smartphone als interaktiven Reiseführer? ▶ Seite 119
- Was muss ich beim Navigieren im Ausland (Roaming) beachten? ▶ Seite 122

Google Navigation auf dem Handy bequem einrichten & einsetzen

Google selbst bietet mit Google Maps Onlinekarten zur Orientierung und zum Navigieren an. Mit einer speziellen App können Sie diese auch auf dem Android-Smartphone nutzen. Auf vielen Geräten ist diese Maps-App bereits vorinstalliert. Ansonsten können Sie sie über den Play Store beziehen. In jedem Fall lohnt sich das Suchen nach Updates, da Google die App regelmäßig um zusätzliche Funktionen erweitert.

Den GPS-Empfänger aktivieren

Für eine präzise Navigation ist ein GPS-Empfänger erforderlich, der Ihre Position bis auf wenige Meter genau bestimmen kann. Die meisten Android-Geräte bringen eine solche Komponente mit. Andernfalls kann ein GPS-Empfänger als Zusatzgerät per Bluetooth eingebunden werden. Wichtig ist, dass der GPS-Empfang aktiviert ist.

1 Wechseln Sie in den Einstellungen in die Rubrik *Nutzer/ Standortdienste*.

2 Aktivieren Sie hier die Option *GPS-Satelliten*.

3 Der GPS-Empfänger wird auch dann nicht automatisch aktiv, sondern erst, wenn eine App wie z. B. Google Maps Standortdaten ermitteln möchte. Dann wird in der Statuszeile ein Symbol für den GPS-Empfang angezeigt.

Tipp: GPS-Empfänger per Fingertipp steuern

Mit dem Widget Energiesteuerung (siehe Seite 127) können Sie unter anderem den GPS-Empfänger direkt auf dem Startbildschirm per Fingertipp aktivieren bzw. deaktivieren.

Die eigene Position auf der Karte feststellen

Mit oder ohne aktiviertem GPS (ohne aber weniger genau) können Sie jederzeit feststellen, wo Sie sich befinden:

1 Aktivieren Sie ggf. den GPS-Empfang und starten Sie die Maps-App.

2 Das Programm stellt fest, wo Sie sich befinden, und lädt das entsprechende Kartenmaterial herunter, um Ihre Position anzuzeigen.

3 Solange der GPS-Empfänger nicht aktiv ist oder noch kein zuverlässiges Signal gefunden hat, kann der Standort nur grob geschätzt werden.

4 Ist ein GPS-Signal vorhanden, kann die Position bis auf wenige Meter genau angezeigt werden.

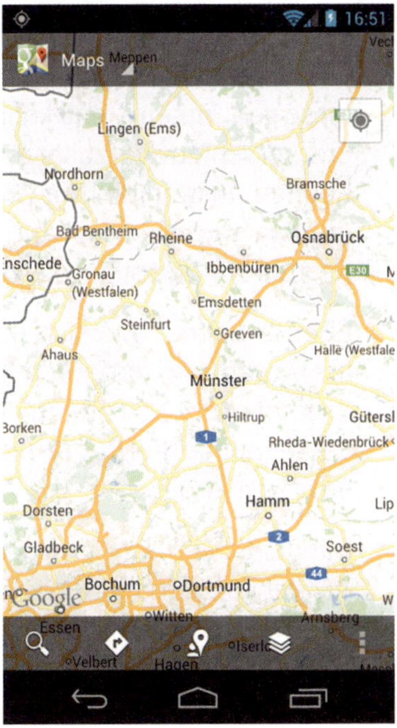

Tipp: Zoom per Multitouch

Um den Kartenausschnitt zu vergrößern oder zu verkleinern, können Sie auch eine Multitouch-Geste verwenden: Platzieren Sie zwei Fingerspitzen (z. B. Zeigefinger und Daumen) zugleich auf dem Bildschirm. Wenn Sie beide auseinander bewegen, zoomen Sie in die Karte hinein, wenn Sie beide zusammenführen, zoomen Sie aus der Karte heraus.

Weitere Informationen auf der Karte einblenden

Einmal lokalisiert können Sie sich zusätzliche Informationen zu Ihrer Umgebung auf der Karte anzeigen lassen:

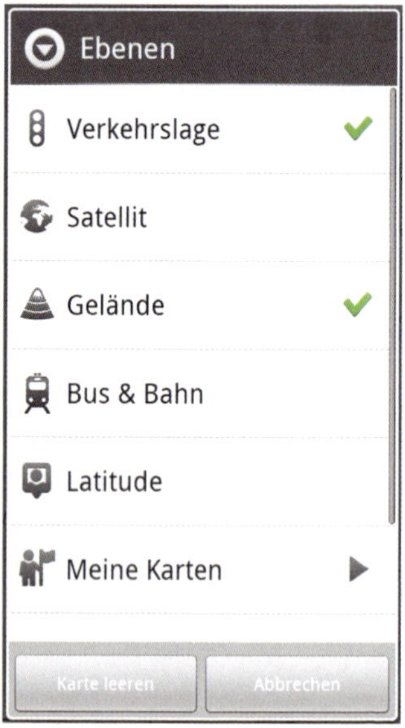

1. Tippen Sie oben rechts auf das Ebenensymbol.
2. Im so geöffneten Menü können Sie verschiedene zusätzliche Ebenen auswählen. Mit *Satellit* etwa wechseln Sie von der Karten- zur Luftbildansicht.
3. Ebenso können Sie sich Informationen zur aktuellen *Verkehrslage* oder zu öffentlichen Verkehrsmitteln (*Bus & Bahn*) anzeigen lassen.
4. Mit der Schaltfläche *Wikipedia-Artikel* können Sie zusätzliche Informationen der gleichnamigen Onlineenzyklopädie in die Karte einblenden. Orte, zu denen Informationen vorhanden sind, werden dann mit einem Symbol markiert, mit dem Sie diese Daten abrufen können.

Tipp: Immer wieder schnell zum Ausgangspunkt

Selbstverständlich können Sie mit der Karte beliebig virtuell herumwandern, um die Umgebung detailliert zu erkunden. Bewegen Sie dazu einfach den Finger hin und her oder wischen Sie für stärkere Bewegungen in die gewünschte Richtung. Mit dem Kompasssymbol ganz oben rechts kehren Sie in der Karte jederzeit an Ihren aktuellen Standort zurück.

So gelangen Sie sicher ans Ziel: optimal navigieren mit dem Auto

Eng mit Google Maps ist auch die Navigation verknüpft, die Sie von dort aus oder als eigenständige App jederzeit aufrufen können.

1 Tippen Sie in der Maps-Anwendung unten auf das Routensymbol.

2 Tippen Sie dann bei *Ziel* den Ort an, den Sie erreichen möchten. Sie können hier eine Adresse angeben oder auch den Namen einer Stadt, einer Sehenswürdigkeit, eines Restaurants usw.

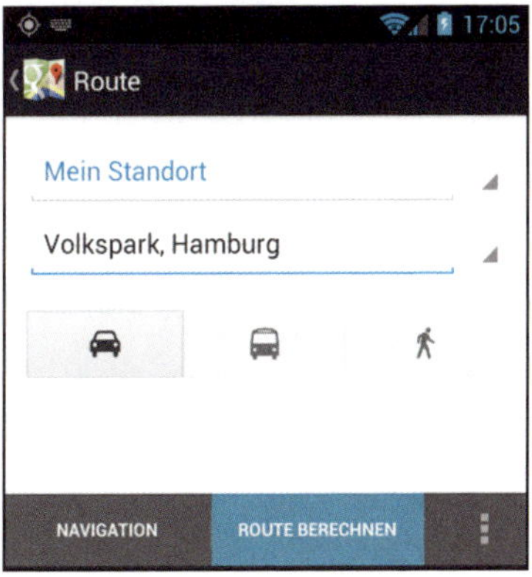

3 Wählen Sie schließlich die Art der Strecke. Mit dem kleinen Autosymbol links erhalten Sie eine klassische Autoroute.

Tipp: Die Route zu einer Kontaktadresse planen

Möchten Sie jemanden besuchen, dessen Adresse in Ihren Kontakten hinterlegt ist, tippen Sie auf die kleine Schaltfläche rechts neben der Zieleingabe. Wählen Sie dann *Kontakte* und danach den Eintrag der Person. Ist eine Straßenadresse hinterlegt, trägt die App diese als Ziel der Route ein.

4 Tippen Sie dann auf *Route berechnen*.

5 Sie erhalten dann eine Karte mit der erstellten Route. Mit Routenliste unten links können Sie sich den Streckenverlauf als kompakte Beschreibung anschauen.

6 Mit dem Pfeil unten rechts starten Sie die Navigation.

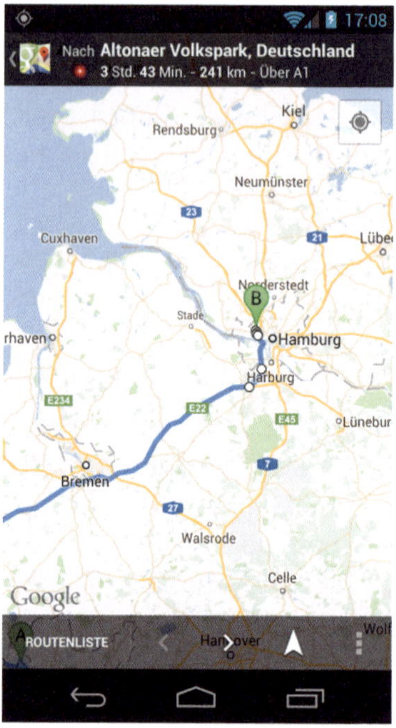

Hinweis: Stromverbrauch im Navigationsmodus

Der Navigationsmodus verbraucht mit ständiger Bildschirmdarstellung, GPS-Empfang, Streckenberechnung und Sprachausgabe recht viel Energie. Wenn Sie Ihr Smartphone auf längeren Strecken als Navigationshilfe einsetzen, sollten Sie deshalb unbedingt ein Kfz-Ladekabel verwenden. So hält das Gerät die ganze Fahrt durch und kann am Ziel mit vollem Akku mitgenommen werden.

Autonavigation mit allem drum und dran

Die Navigations-App ist ein vollwertiges Navigationsprogramm mit übersichtlicher Darstellung und Sprachansage:

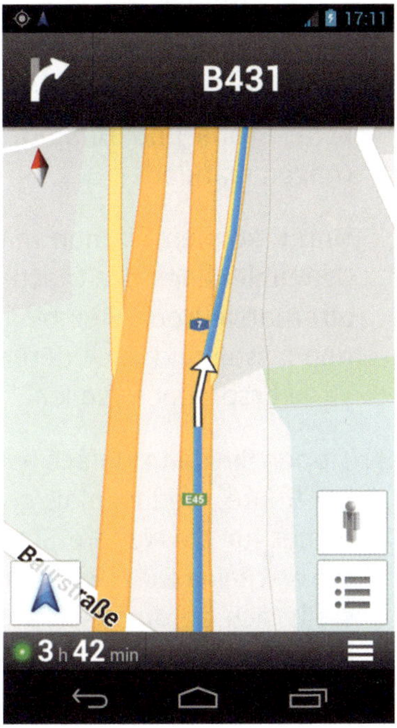

- In der Mitte zeigt Ihnen die Karte in Echtzeit, wo Sie sich gerade befinden und wo es weitergeht.
- Oben sehen Sie links die Entfernung zum nächsten Knotenpunkt, an dem Sie etwas machen müssen (z. B. abbiegen).
- Rechts wird das Ziel für die nächste Aktion angegeben, also z. B. die Straße, in die Sie einbiegen müssen, oder die Fahrtrichtung, der Sie folgen sollen.
- Unten finden Sie links die aktuell verbleibende Fahrtzeit. Durch Antippen wechseln Sie zur voraussichtlichen Ankunftszeit.
- Rechts daneben ist die aktuelle Position (z. B. die gerade befahrene Straße angegeben).

Immer die besten Route: Verkehrsinformationen und Umleitungen

Durch die Onlineverbindung mit Google Maps kann Ihr Smartphone bei der Navigation jederzeit auf aktuelle Verkehrsdaten zurückgreifen. So sind Staus rechtzeitig absehbar, und Sie können schnell auf eine Alternativroute ausweichen.

1. Öffnen Sie während der Navigation das Kontextmenü der App und wählen Sie den Befehl *Route und Alternativen*.

2 Sie sehen dann eine Karte mit der weiteren Route. Darauf sind auch voraussichtliche Staus und Behinderungen markiert.

3 Unten können Sie nun mit der Umleitungsschaltfläche alternative Routen einblenden lassen und auch deren Verkehrsprognose sehen.

4 Tippen Sie dann einfach auf die Route, die Ihnen als geeignet für die weitere Strecke erscheint. Die Navigation stellt sich automatisch auf diese Route um.

Als Fußgänger in der Stadt und über Land navigieren

Nicht nur Autofahrer können mit einem Android-Smartphone navigieren. Auch um sich z. B. in einer fremden Stadt zurechtzufinden, kann es gute Dienste leisten.

1 Auch hierzu können Sie direkt aus der Maps-App heraus eine Route planen. Wählen Sie diesmal das Fußgängersymbol, bevor Sie die Route mit *Route berechnen* planen.

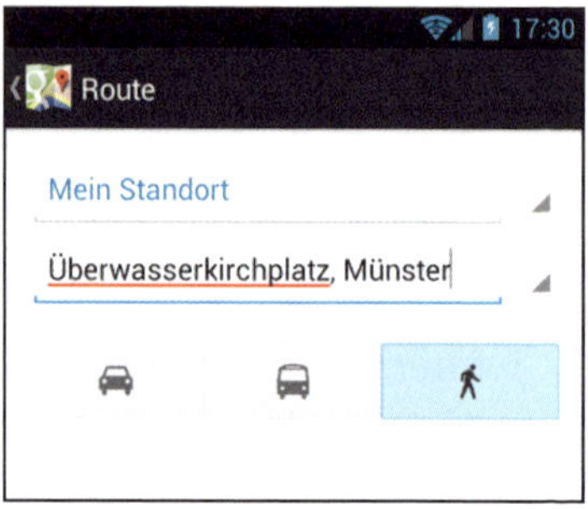

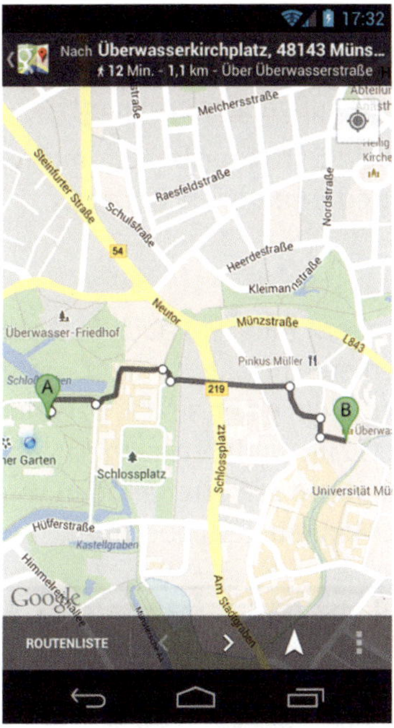

2 Genau wie bei der Autonavigation erhalten Sie eine exakte Streckenplanung mit Abbiegehinweisen.

3 Mit einem Tipp auf das Kartensymbol können Sie sich die Strecke auch auf der Karte anzeigen lassen. Bei kürzeren Entfernungen reicht das oft schon zur Orientierung.

4 Wenn Sie ganz auf Nummer sicher gehen möchten, können Sie aber auch hierfür die Navigations-App verwenden, indem Sie unten auf das Pfeilsymbol tippen.

5 Die Unterschiede zur Fahrzeugnavigation sind auf den ersten Blick kaum auszumachen:

- Bei der Route wird der kürzeste Weg gewählt, und auch Strecken wie Waldwege, Pfade usw., die für Autos nicht möglich wären, werden berücksichtigt.

- Für die Darstellung werden standardmäßig Luftbilder verwendet, um eine bessere Orientierung zu ermöglichen.
- Die Abbiegehinweise sind für Fußgänger optimiert.
- Die akustischen Hinweise sind standardmäßig ausgeschaltet, können aber bei Bedarf aktiviert werden.

Kompassnavigation in Feld und Flur

Wer es mehr mit Outdoor-Abenteuern hält und auch in Wald und Feld die Orientierung nicht verlieren möchte, ist mit Google Maps nicht immer optimal bedient. Zum einen sind z. B. Waldwege und Pfade kaum verzeichnet. Zum anderen kann ein fehlendes oder schwaches Mobilfunknetz das Herunterladen von Kartendaten im entscheidenden Moment verhindern.

Für solche Fälle empfiehlt sich eine einfache Alternative wie etwa ein Kompass. Viele Android-Smartphones haben die erforderliche Hardware integriert.

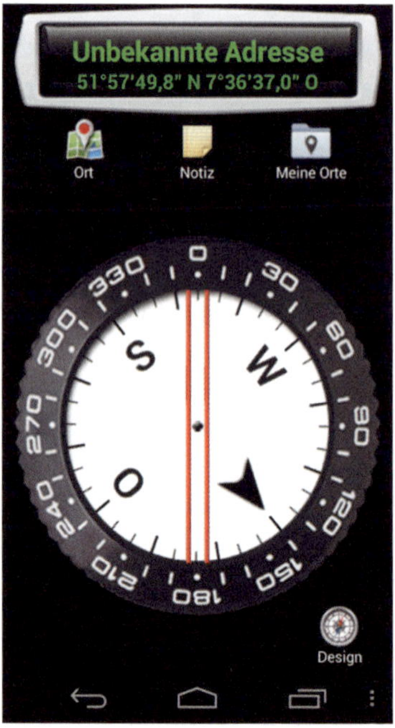

Im Play Store finden Sie verschiedene kostenlose Kompass-Apps wie etwa Compass. Damit können Sie sich jederzeit über die Himmelsrichtung orientieren und einfache Peilungen vornehmen.

Wichtig: Hin und wieder sollte der Kompass des Geräts kalibriert werden, damit er auch korrekte Daten anzeigt:

1. Starten Sie die Kalibrierung. Bei älteren Android-Versionen geht dies z. B. in den *Einstellungen* zu *Standort & Sicherheit*. Kompass-Apps bieten dafür aber in der Regel auch einen eigenen Menüpunkt.
2. Halten Sie nun das Smartphone in der flachen Hand vor sich.
3. Beschreiben Sie mit der Hand eine Bewegung in der Horizontalen entlang einer gedachten Acht.
4. Nach kurzer Zeit sollte es eine akustische Signalisierung geben, dass die Kalibrierung erfolgreich war.

Hinweis: 2-Achsen- oder 3-Achsen-Kompass

Neuere Geräte verfügen in der Regel über einen 3-Achsen-Kompass. Wenn Ihr Smartphone aber noch einen 2-Achsen-Kompass benutzt, müssen Sie das Gerät absolut flach halten, um die Ausrichtung korrekt messen zu können. Orientieren Sie sich dabei an einem „echten" Kompass, den man ja auch auf der flachen Hand oder z. B. auf einem Tisch verwenden muss. Moderne 3-Achsen-Kompasse sind von der Ausrichtung unabhängig und können ganz bequem in der Hand gehalten werden.

Wetter, Sehenswürdigkeiten & Co: lokalisierte Dienste nutzen

Ihr Android-Smartphone als mobiler Reisebegleiter kann mehr als nur navigieren. Er kann Ihnen auch standortbezogene Informationen zu Sehenswürdigkeiten, Lokalitäten oder schlicht dem regionalen Wetter liefern.

Bei vielen ortsbezogenen Diensten wie etwa Wetter-App oder -Widgets klappt das sogar ganz ohne Ihr Zutun. Sofern Programme Ihren Standort ermitteln dürfen (siehe Seite 110), liefern sie automatisch die passenden Daten.

Wetter-Apps etwa suchen sich dann gleich die zu Ihrem Standort nächstgelegene Stadt aus der Datenbank und zeigen deren Wetterdaten an.

Standortbezogenes Suchen im Browser

Auch der Webbrowser Ihres Smartphones kann Standortinformationen berücksichtigen. Sie wollen z. B. wissen, wo sich die nächste Apotheke befindet?

1 Geben Sie im Google-Suchfeld direkt auf dem Startbildschirm Ihren Suchbegriff ein, also z. B. *Apotheke*.

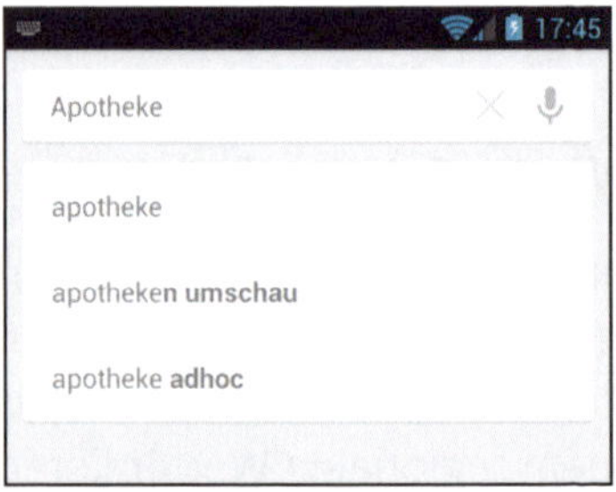

2 Google erkennt automatisch, wenn es sich um eine Suche handelt, zu der es standortbezogene Ergebnisse in der Nähe gibt. Es fügt dann in die Suchergebnisse eine Karte der Umgebung mit den Standorten ein, wo entsprechende Daten vorliegen.

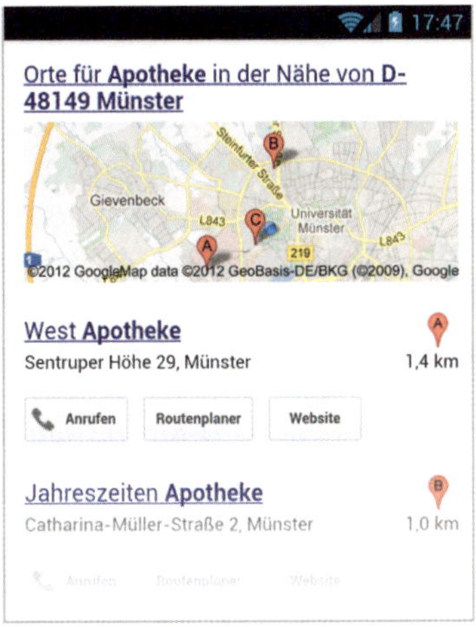

3 Außerdem bekommen Sie passend zu den Symbolen in der Karte eine Liste mit den gefundenen Standorten.

4 Liegen zusätzliche Informationen wie z. B. eine Telefonnummer vor, werden diese ebenfalls angegeben. Sie können dann durch Antippen der entsprechenden Schaltfläche einen Anruf direkt aus dem Webbrowser heraus tätigen.

Google Maps als interaktiver Reiseführer

Die in diesem Kapitel bereits vorgestellte Maps-App kann über das reine Navigieren hinaus auch als Reiseführer dienen. Sie zapft das umfassende Wissen der Google-Datenbank standortbezogen an, um die besten Museen, Hotels oder Restaurants zu nennen oder schlicht den Weg zur nächsten Tankstelle oder zu einem Geldautomaten zu zeigen.

1 Wenn Maps Sie erfolgreich auf der Karte verortet hat, tippen Sie oben rechts das Standortsymbol an.

2 Wählen Sie dann aus, welche Art von Information Sie wünschen. Das meiste ist wohl selbsterklärend. *Attraktionen* sucht nach touristischen Vergnügen wie Freizeitparks und Spaßbädern.

3 Mit der Funktion *Suche hinzufügen* im Kontextmenü können Sie eigene Suchen erstellen und dauerhaft einrichten. Geben Sie dazu einfach einen passenden Suchbegriff wie z. B. *Hotels* an. Ein neuer Menüpunkt liefert Ihnen dann jederzeit entsprechende Informationen.

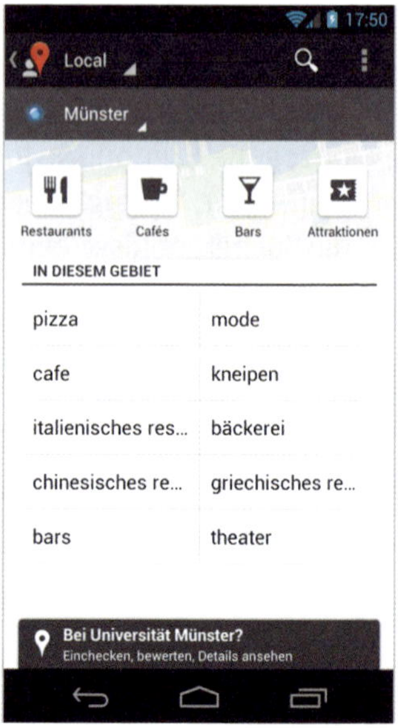

Smartphone-Navigation im Ausland

Die Google-Maps-Navigation basiert auf dem ständigen Abruf von Kartendaten und Informationen über mobiles Internet. Das ist im Inland mit einer Datenflatrate kein Problem. Anders sieht es aus, wenn Sie im Urlaub oder auf Dienstreise im Ausland unterwegs sind. Hier können durch die Roaminggebühren schnell hohe Rechnungen entstehen, wenn die Navigations-App fleißig Daten saugt.

Hinweis: Roaming-Gebühren vermeiden

Um hohe Roaminggebühren zu vermeiden, sollten Sie sich nicht nur auf den folgenden Trick verlassen, sondern das Roaming für Datenverbindungen oder sogar generell deaktivieren. Mehr dazu finden Sie auf Seite 33.

Eine Möglichkeit zur Abhilfe ist eine App zur Offline-Navigation. Auch diese sind für Android in großer Auswahl erhältlich.

Allerdings kosten sie allesamt ordentlich Geld und benötigen viel Speicherplatz. Solche Offlinenavigatoren bringen ihr komplettes Kartenmaterial auf der SD-Karte mit. Onlinezugriffe sind dann nicht mehr nötig.

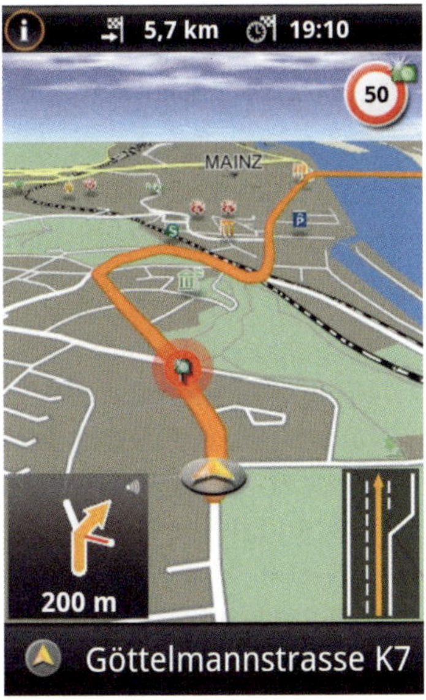

Allerdings bietet auch Google Maps die Möglichkeit, die Onlinezugriffe zu optimieren, indem einmal geladene Karten gespeichert werden. Gehen Sie dazu so vor:

1 Buchen Sie Ihr Android-Smartphone vor Ort, z. B. im Hotel, in ein WLAN ein.

2 Starten Sie die Maps-App und wählen Sie im Kontextmenü den Befehl *Offline bereitstellen*.

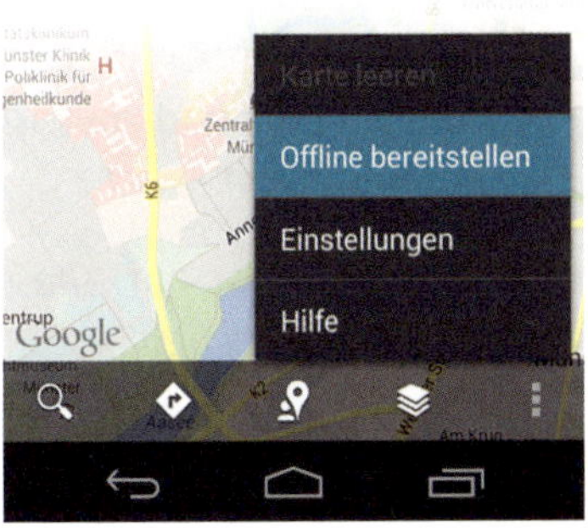

3 Legen Sie dann den Bereich fest, in dem Sie sich bewegen werden, und tippen Sie unten auf *Fertig*. Die App lädt nun das Kartenmaterial für die Umgebung und speichert es im Cache des Smartphones.

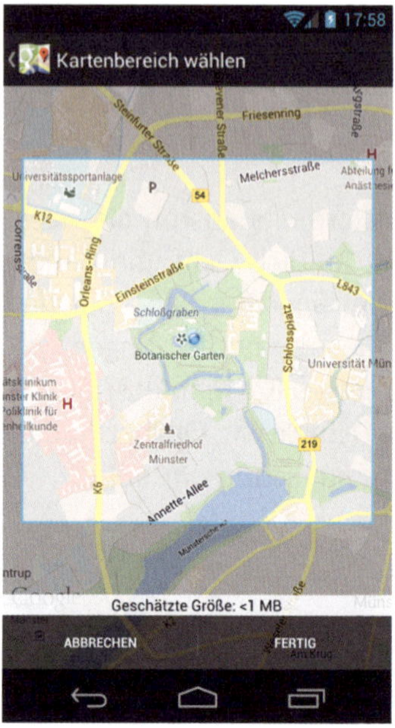

4 Anschließend können Sie die WLAN-Verbindung beenden und mit dem Smartphone losziehen. Maps bezieht seine Kartendaten aus dem Cache-Speicher und verzichtet auf Onlinezugriffe, solange Sie den zuvor gewählten Bereich nicht verlassen.

Leeren Sie den Karten-Cache von Google Maps

Damit die Offlinekartenfunktion nicht immer mehr Speicher belegt, sollten Sie den Cache – spätestens nach der Rückkehr – auch wieder löschen.

1 Öffnen Sie in der Maps-App über das Kontextmenü die Einstellungen und darin *Offline und Cache*.

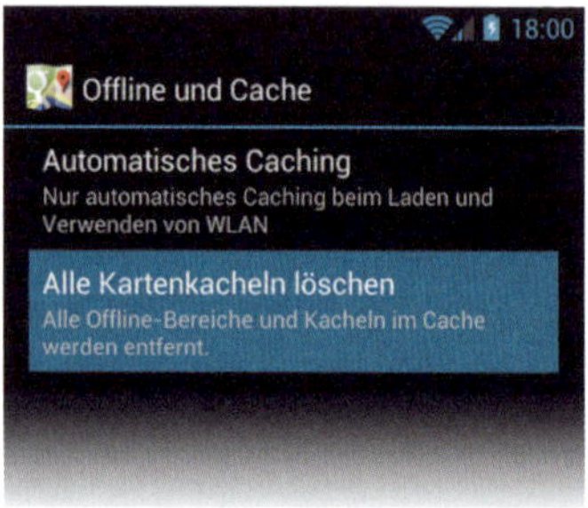

2 Tippen Sie hier auf *Alle Kartenkacheln löschen*.

3 Bestätigen Sie die Rückfrage mit *OK*.

Der Schnell-Überblick

- Ein Android-Smartphone ist mit einem eingebauten GPS-Empfänger auch als vollwertiges Navigationssystem einsetzbar. Die kostenlose Google-Maps-App ist bei den meisten Geräten bereits dabei oder kann aus dem Play Store installiert werden.
- Mit Google Maps können Sie Ihre Position jederzeit bestimmen und auf einer Karte anzeigen lassen. Hier können auch zusätzliche Informationen aus Ihrer Umgebung eingeblendet oder z. B. ein Luftbild der Gegend angezeigt werden.
- Mit der Navigationsfunktion können Sie sich jederzeit im Auto- oder Fußgängermodus ans Ziel bringen lassen. Die grafische Darstellung der Strecke gehört ebenso zum Funktionsumfang wie akustische Abbiegehinweise und Umleitungen bei Verkehrsstörungen.
- Dank mobilem Internet haben Sie mit Ihrem Smartphone den idealen Reisebegleiter stets dabei. Google Maps etwa liefert Ihnen Informationen zu Lokalitäten, Sehenswürdigkeiten und Einrichtungen in Ihrer Umgebung. Aber selbst im Webbrowser können Sie einfach standortbezogen suchen. Eine Suche nach *Apotheke* findet automatisch Geschäfte in Ihrer Nähe.
- Beim Einsatz von Google Maps im Ausland ist Vorsicht geboten. Das ständige Herunterladen von Karten und Daten kann durch die hohen Roaming-Gebühren schnell teuer werden. Mit dem Karten-Cache können Sie benötigte Daten aber vorher laden und dann aus dem Cache abrufen. Oder aber Sie verwenden für solche Zwecke einen Offlinenavigator mit eigenem Kartenmaterial auf der SD-Karte.

8. Energiesparen & die Akkulaufzeit optimieren

Der Energiemangel und das Stromsparen sind leider bei allen modernen Smartphones ein ständiger Begleiter. Aber mit den richtigen Stromsparstrategien machen Sie auch Ihr Smartphone zum Langstreckenläufer, dem nicht im entscheidenden Moment die Puste ausgeht:

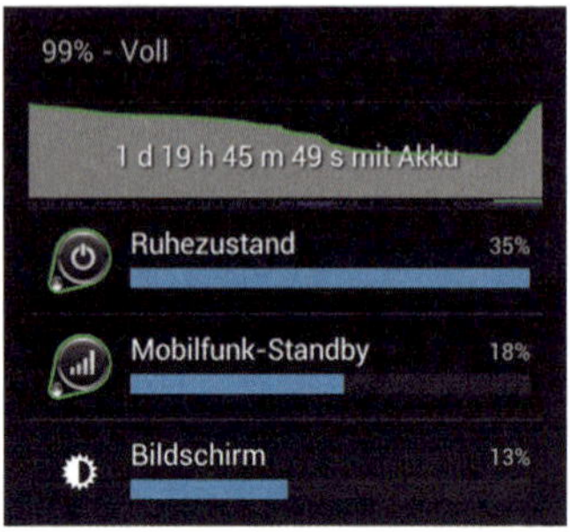

- Welches sind die großen Stromfresser bei meinem Gerät? ▶ Seite 131
- Wie kann ich Strom verbrauchende Funktionen abschalten? ▶ Seite 126
- Gibt es eine komfortable Alternative zu den gut versteckten Stromsparoptionen in den Einstellungen? ▶ Seite 127
- Lassen sich Maßnahmen zum Stromsparen automatisieren? ▶ Seite 134
- Wie kann ich im Flugzeug oder im Krankenhaus alle Drahtlos-Funktionen zuverlässig deaktivieren? ▶ Seite 130
- Welche Apps helfen beim Stromsparen? ▶ Seite 132

Stromverbraucher ganz nach Bedarf ein- und ausschalten

Jedes Smartphone verfügt über verschiedene Funktionen zum Kommunizieren mit anderen Geräten. Jede dieser Funktionen verbraucht Energie, solange sie aktiv ist. Deshalb ist es sinnvoll, solche Komponenten zu deaktivieren, solange sie nicht benötigt werden. Dabei handelt es sich vor allem um:

- WLAN für den Zugang zu einem lokalen Netzwerk und ins Internet
- Bluetooth für Headsets, Freisprecheinrichtungen usw.
- GPS zum Ermitteln des aktuellen Standorts
- das GSM-Modem für Datenübertragungen per Mobilfunk

Bei den meisten Android-Smartphones lassen sich alle diese Komponenten einzeln aktivieren und deaktivieren. Wenn Sie dies befolgen und immer nur die Funktionen einschalten, die Sie gerade benötigen, können Sie die Akkulaufzeit deutlich steigern.

Funktionen bequem per Widget ein und ausschalten

In den Einstellungen Ihres Smartphones lassen sich die verschiedenen Komponenten nach Bedarf ein- und ausschalten, was aber umständlich ist. Einfacher geht es mit einer Schalterleiste als Widget direkt auf der Oberfläche Ihres Smartphones.

1 Suchen Sie sich eine Stelle auf der Starter-Oberfläche, an der eine ganze Reihe von links nach rechts frei ist. Tippen Sie dort auf das App-Symbol, um die App-Liste anzuzeigen (bei älteren Android-Versionen drücken Sie dort, bis das Menü *Zum Startbildschirm hinzufügen* angezeigt wird).

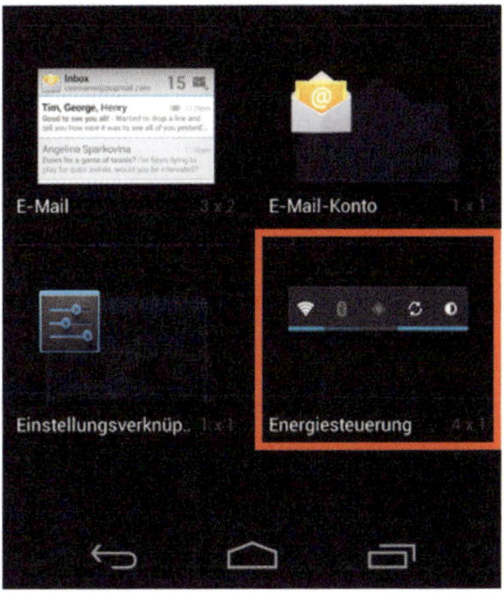

2 Tippen Sie hier auf *Widgets* bzw. *Android Widgets*.

3 Wählen Sie in der anschließenden Liste das Widget *Energiesteuerung* aus.

Android fügt dann dieses Widget an der freien Stelle in die Oberfläche ein. Hier finden Sie fünf Schalter für die wesentlichen Funktionen (von links nach rechts):

- WLAN
- Bluetooth
- GPS
- Datensychronisierung
- Display-Helligkeit

Mit den ersten vier Symbolen schalten Sie die entsprechende Funktion jeweils ein bzw. aus. Beim ganz rechten Symbol für die Anzeigehelligkeit können Sie durch mehrfaches Antippen verschiedene Modi durchschalten.

Stromspartipps für Smartphones

Selbstverständlich ist jedes Gerät etwas anders, und auch die Anforderungen jedes Anwenders sind ganz individuell. Allgemein lassen sich aber einige Hinweis und Tipps geben, wie Sie die Akkulaufzeit Ihres Smartphones maximieren können:

- Reduzieren Sie die Helligkeit des Display so weit wie möglich, sodass Sie es noch gut ablesen können.
- Aktivieren Sie WLAN nur, wenn Sie es tatsächlich benötigen.
- Ein vorhandenes GPS-Modul wird automatisch nur aktiviert, wenn es tatsächlich von einer Anwendung genutzt wird. Allerdings setzen inzwischen viele Anwendungen auf standortbezogene Dienste und verwenden dazu auch einen vorhandenen GPS-Empfänger. Deshalb sollte dieser ebenfalls – auch im Hinblick auf Datenschutz – nur eingeschaltet werden, wenn er benötigt wird.

- Bluetooth braucht weniger Energie als WLAN und GPS. Wenn Sie es regelmäßig benutzen (z. B. für die Freisprecheinrichtung) kann es also ruhig aktiviert bleiben. Ein wenig geht aber auch das zu Lasten des Akkus.
- Im Hintergrund laufende Datendienste erhöhen die Aktivität des Funkmodems und damit den Stromverbrauch. Das gilt für E-Mail-Abfragen, aber auch für Statusmeldungen von Twitter & Co. oder die beliebten Wetter-Gadgets. Wer darauf verzichten kann, spart Strom.
- Für schmalbandige Datenübertragungen wie E-Mail oder Twitter reichen 2G-Übertragungen. Viele Geräte bieten die Möglichkeit, von 2G/3G fest auf nur 2G zu wechseln, was weniger Energie verbraucht. Allerdings sollten Sie vorm Surfen oder Videoschauen dann jeweils in den 3G-Modus wechseln, wenn es Spaß machen soll.
- Bei schlechtem Empfang regelt das Telefon automatisch die Antennenleistung hoch, was den Verbrauch erhöht. Wenn Sie sich regelmäßig an Orten mit schlechtem oder keinem Empfang aufhalten, sollten Sie solange den Flugzeugmodus wählen, der den Empfang ganz deaktiviert.
- Nicht nur Hardware, auch Software verbraucht Energie. Allerdings immer nur die gerade im Vordergrund laufende App. Wenn z. B. der Startbildschirm angezeigt wird, hält sich der Verbrauch also in Grenzen. Anders sieht es mit Diensten aus, die permanent im Hintergrund laufen und die Akkureichweite spürbar reduzieren können. Hier hilft nur, nach dem Installieren eines neuen Programms jeweils die Akkulaufzeit im Auge zu behalten und bei negativen Auswirkungen ggf. wieder zu deinstallieren.

Mit dem Flugmodus maximal Energie sparen

Im Flug(zeug)modus schaltet ein Mobiltelefon sämtliche Funkkomponenten aus, sogar die eigentliche Telefonfunktion. Der Name kommt daher, dass man diesen Modus in Flugzeugen verwenden soll, um Störungen an der empfindlichen Elektronik des Fliegers zu vermeiden. Ebenso eignet sich der Modus aber für Krankenhäuser, Kinos, Theater, das erste Date – eben für alle Situationen, in denen man keinesfalls erreichbar sein will oder darf.

Der Flugmodus ist aber auch ein guter Stromsparer, weil er praktisch alle Extra-Verbraucher lahmlegt. Wenn Sie z. B. nachts ohnehin nichts hören wollen oder wenn der Akku unbedingt noch eine Weile durchhalten soll, ist der Flugmodus deshalb ein echter Geheimtipp.

1 Halten Sie den Ein-/Ausschalter Ihres Smartphones ein paar Sekunden gedrückt, bis die *Telefonoptionen* eingeblendet werden.

2 Tippen Sie hier auf *Flugmodus*.

3 Solange der Flugmodus aktiv ist, sehen Sie oben in der Titelleiste ein Flugzeugsymbol. Telefongespräche, Datenverbindungen usw. sind nun nicht möglich.

4 Um den Flugmodus wieder zu beenden, wiederholen Sie die Schritte 1–2. Das Smartphone kehrt dann zur vorherigen Konfiguration zurück.

Energiedetektiv: So spüren Sie Stromfresser schnell auf

Wenn Ihnen die Akkulaufzeit zu niedrig ist, Sie aber Komfortfunktionen rund um die Uhr zur Verfügung haben möchten, muss ein Kompromiss her. Dabei stellt sich aber zunächst die Frage: Wofür wird der ganze Strom denn eigentlich genau verbraucht? Hier hilft Android selbst weiter, denn es führt genau Buch über den Stromverbrauch der Komponenten. So können Sie jederzeit sehen, welche Funktion bei Ihrem Smartphone das größte Sparpotenzial hat.

1. Öffnen Sie in den *Einstellungen* von Android im Abschnitt *Gerät* den Punkt *Akku*.
2. Damit rufen Sie eine Statistik der Akkunutzung auf. Ganz oben sehen Sie, wie lange das Gerät seit dem letzten Aufladen schon läuft.
3. Darunter werden die verschiedenen Funktionen und Anwendungen aufgeführt, die seitdem nennenswert Strom verbraucht haben. Die Reihenfolge wird dabei durch den Verbrauch bestimmt. Ganz oben findet sich also der größte „Energieverschwender".

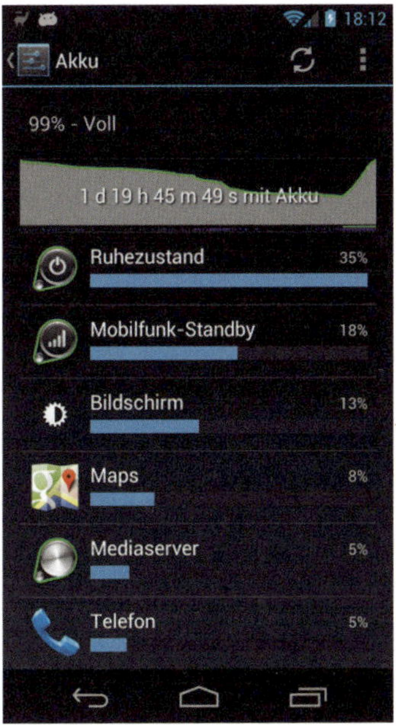

Diese Statistik sollte in etwa Ihrem Nutzerverhalten entsprechen. Wenn z. B. WLAN den größten Brocken ausmacht, obwohl Sie nur selten drahtlos surfen, besteht hier ein großes Optimierungspotenzial.

Hinweis: Herstellerspezifische Unterschiede beim Energiesparen

Da Android selbst nur rudimentäre Funktionen zum Überwachen und Steuern des Stromverbrauchs mitbringt, ergänzen die meisten Smartphone-Hersteller hier mit eigenen Apps und Funktionen. Deshalb sind die Unterschiede teilweise recht groß. So findet sich bei vielen Geräten direkt in den *Einstellungen* ein eigener Menüpunkt namens Akkumanager o. Ä. Der beherbergt dann auch die Statistiken zum Akkuverbrauch.

Mit der App Juice Defender jedes Smartphone zum intelligenten Stromsparer machen

Wenn Ihrem Android-Gerät kein ernsthafter Energiemanager beiliegt oder Sie mit diesem einfach nicht zufrieden sind, gibt es Apps, die Abhilfe schaffen. Die kostenlose Version von Juice Defender etwa eignet sich für weniger erfahrene Nutzer genauso wie für Spezialisten, die jede Detaileinstellung selbst vornehmen möchten. Juice Defender sieht auf den ersten Blick etwas kompliziert aus, ist aber letztlich einfach zu bedienen.

1 Warten Sie, bis nach dem Start das Hauptmenü in der Rubrik *Status* angezeigt wird. Ganz oben können Sie Juice Defender insgesamt aktivieren oder deaktivieren.

2 Direkt darunter stehen verschiedene vorgefertigte Profile für das Energiemanagement zur Auswahl. Standardmäßig ist *abgestimmt* ausgewählt. Dieses ist so ausgelegt, dass Sie das Gerät unbeschränkt nutzen können, aber trotzdem

im Vergleich zur normalen Android-Konfiguration schon einiges an Energie sparen.

3 Mit *aggressiv* oder *extrem* können Sie jeweils mehr Strom sparen. Allerdings sollten Sie testen, ob dann alle Funktionen noch nutzbar sind.

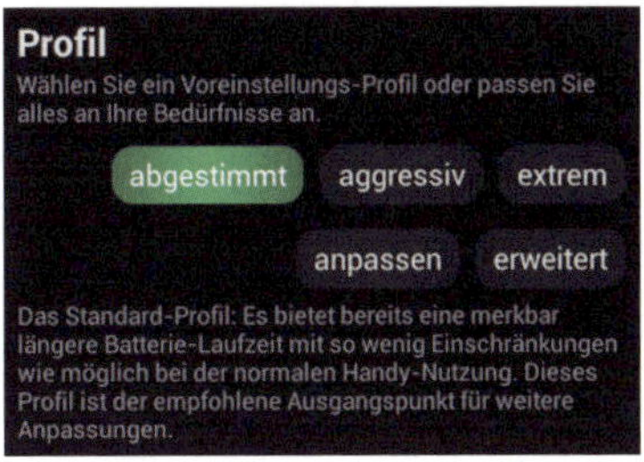

4 Mit *anpassen* können Sie das jeweils gewählte Profil individuell anpassen.

5 Juice Defender blendet dann in der Rubrik *Einstellungen* weitere Optionen ein. Darin können Sie z. B. Zeitpläne festlegen und bestimmen, welche Komponenten das Programm ggf. abschalten darf.

6 Änderungen an den Einstellungen werden automatisch übernommen, wenn Sie die Anwendung wie gewohnt mit der Zurück-Taste verlassen.

Strom sparen: Funktionen mit Timeriffic automatisch ein- und ausschalten

Wenn Sie Energiespar- und sonstige Einstellungen nach Zeitplan vornehmen möchten, empfiehlt sich die kostenlose App Timeriffic. Sie erlaubt es, beliebige Zeitpläne zu erstellen. Zu jedem Termin lässt sich eine Vielzahl von Systemeinstellungen bis hin zu Klingeltönen und -lautstärken vorgeben, die dann automatisch entsprechend gewählt werden. Mit Timeriffic sind komplexe und flexible Einstellungen möglich. Es geht aber auch ganz geradlinig, wie das folgende Beispiel zeigt. So können Sie täglich von 23:59 bis 7:30 Uhr den Flugmodus aktivieren und so jede Nacht ganz einfach ordentlich Akkuenergie sparen.

1 Bei der Installation werden bereits ein paar fertige Profile mitgeliefert. Um diese zu entfernen, wählen Sie im Kontext der App *Reset* und dann *Empty Profile*.

2 So erhalten Sie eine leere Konfiguration, in der Sie mit der Menüfunktion *Neues Profil* schnell eigene Einstellungen vornehmen können. Geben Sie dazu einfach einen Namen an.

3 Anschließend finden Sie das neue Profil in der Übersicht vor. Drücken Sie so lange darauf, bis das Kontextmenü angezeigt wird, und wählen Sie darin *Aktion einfügen*.

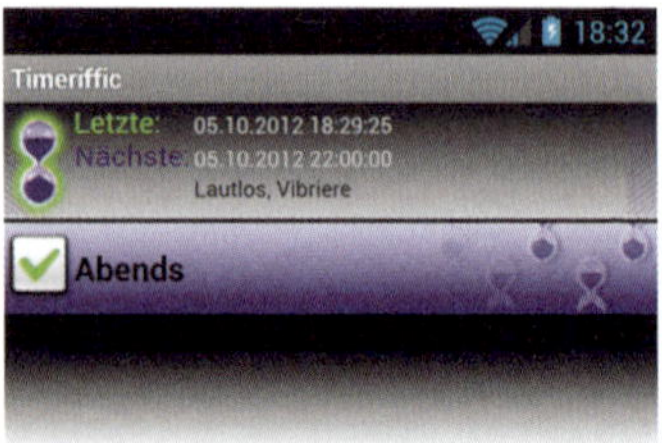

4 Im anschließenden Dialog legen Sie oben den Zeitpunkt fest, an dem die Aktion erfolgen soll. Bestimmen Sie dazu eine Uhrzeit und die Wochentage, an denen dieser Schaltpunkt aktiv sein soll. So können Sie z. B. für Arbeitstage und Wochenende verschiedene Konfigurationen vornehmen.

5 Darunter können Sie festlegen, was genau zu diesem Zeitpunkt verändert werden soll. Timeriffic stellt Ihnen eine Vielzahl von Einstellungen zur Verfügung. So finden Sie unten links etwa *Flugzeugmodus*, den Sie hier mit Anschalten aktivieren lassen können.

Wenn Sie nun noch eine zweite Aktion z. B. morgens um 7:30 Uhr erstellen, wo der Flugzeugmodus wieder angeschaltet wird, haben Sie eine einfache und effektive Stromsparfunktion geschaffen.

Tipp: Timeriffic-Aktionen außer Kraft setzen

Timeriffic nimmt einfach nach Zeitplan die festgelegten Einstellungsänderungen vor. Das ist genau so, als ob Sie selbst in diesem Moment in den Einstellungen des Geräts etwas ändern würden. Anschließend legt Timeriffic sich wieder bis zum nächsten Termin schlafen. Wenn Sie abends mal noch spät unterwegs sind, können Sie also z. B. den Flugzeugmodus einfach wieder deaktivieren und das Handy wie gewohnt nutzen. Am nächsten Abend schaltet Timeriffic dann wieder wie geplant.

Ortsabhängige WLAN-Einstellungen: So passt sich Ihr Smartphone automatisch an

WLAN ist eine der besonders kritischen Einstellungen bezüglich des Stromverbrauchs. Zu Hause oder im Büro möchte man es gern nutzen, alleine schon wegen der schnelleren und billigeren Datenübertragung. Überall sonst aber verbraucht es nutzlos reichlich Strom und saugt den Akku leer. Die App Y5 Battery Saver verspricht mit einem cleveren Konzept Abhilfe. Sie überprüft in regelmäßigen Abständen, ob ein bekanntes WLAN-Netzwerk, mit dem Sie schon mal verbunden waren, in Reichweite ist. Dann aktiviert es die WLAN-Funktion und bucht Sie ein. Verlassen Sie den Empfangsbereich, wird WLAN automatisch wieder deaktiviert.

Außer dem Installieren der App müssen Sie dazu gar nicht viel tun. Einmal aktiv, registriert das Programm automatisch alle WLANs, zu denen Sie mit Ihrem Smartphone eine Verbindung herstellen.

1. Standardmäßig kann die WLAN-Funktion einfach aus bleiben.

2 Um an einem neuen Ort WLAN zu nutzen, aktivieren Sie sie einmalig manuell und melden sie bei diesem Drahtlosnetzwerk an. Y5 Battery Saver „lernt" den neuen Ort dabei automatisch.

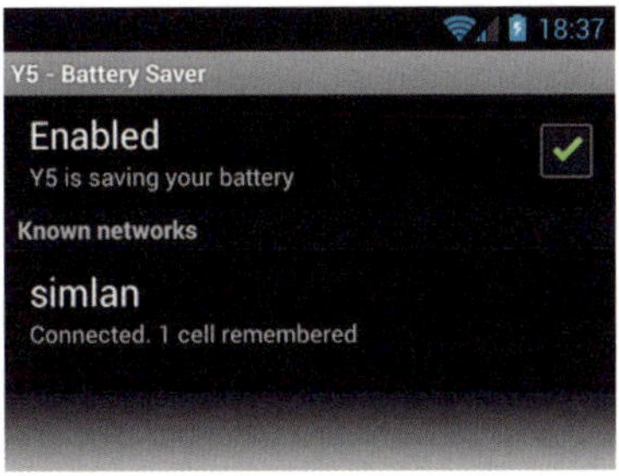

3 Wenn Sie das nächste Mal wieder hier sind, schaltet es WLAN also automatisch an.

Weiter Einstellungen sind kaum nötig. Trotzdem können Sie die App ganz normal starten. Dann finden Sie einen kleinen Konfigurationsschirm vor, mit dem Sie die Funktion pauschal aktivieren bzw. deaktivieren können.

Tipp: Gelernte WLAN-Standorte vergessen

Y5 Battery Saver kann einmal gelernte WLANs auch wieder „vergessen". Tippen Sie dazu auf einen der Einträge im Konfigurationsdialog und bestätigen Sie im anschließenden Menü das Entfernen dieses Eintrags.

Der Schnell-Überblick

- Da Smartphones mit ihren zahlreichen Funktionen viel Energie verbrauchen, ist die Akkulaufzeit oftmals zu kurz. Das liegt in der Natur der Sache, aber es gibt Gegenmaßnahmen, mit denen Sie die Reichweite des Stromspeichers verlängern können.

- Mit etwas Disziplin können Sie sich manuell behelfen, indem Sie immer nur die Funktionen einschalten, die Sie gerade benötigen. Das geht in den Einstellungen oder komfortabler per Widget auf dem Startbildschirm.
- Das Widget Energiesteuerung gehört zum Lieferumfang von Android und erlaubt es, die wichtigsten Funktionen wie Bluetooth, WLAN, GPS, Display-Helligkeit und Datensynchronisierung jederzeit mit einem Fingertipp ein- und auszuschalten.
- Android führt selbst Buch über den Stromverbrauch. In den Einstellungen können Sie genau ablesen, welche Komponenten seit dem letzten Ladevorgang am meisten am Akku gesaugt haben. Daraus ergibt sich, wo das größte Stromsparpotenzial liegt.
- Viele Apps widmen sich dem Stromsparen. Teilweise liefern die Gerätehersteller schon entsprechende Apps mit. Und im Play Store gehören Apps wie Timeriffic, Juice Defender oder Y5 Battery Saver zu den beliebtesten Downloads.

9. Auf die Schnelle – die besten Android-Tipps & Tricks

Die vorangegangenen Kapitel widmeten sich verschiedenen Themenschwerpunkten. Zum Schluss habe ich für Sie noch mal die besten Tipps & Tricks zusammengestellt, die für alle Bereiche gelten bzw. sich keinem dieser Themen so recht zuordnen lassen.

- Wie kann ich eine App im Hintergrund weiterlaufen lassen, während ich ein Telefongespräch führe oder eine SMS schreibe? ▶ Seite 141
- Wie kann ich möglichst schnell und bequem mit der virtuellen Tastatur tippen? ▶ Seite 143
- Welche alternativen, besseren Eingabemethoden gibt es? ▶ Seite 144
- Wie kann ich jeweils die Eingabemethode wählen, die ich verwenden möchte? ▶ Seite 145
- Wie funktioniert das mit dem Kopieren, Ausschneiden und Einfügen bei Android? ▶ Seite 146
- Wie kann ich mit meinem Notebook die mobile Internetverbindung des Smartphones verwenden? ▶ Seite 150
- Wie greife ich direkt auf die Ordner und Dateien zu, die auf dem Smartphone gespeichert sind? ▶ Seite 152
- Wie kann ich mein Smartphone notfalls als Taschenlampenersatz verwenden? ▶ Seite 153

Anwendungen verlassen oder beenden?

Wenn Sie das Arbeiten mit einem PC gewohnt sind, erfordert Android ein gewisses Umgewöhnen. Hier gibt es zwar auch Programme (= Apps), aber man geht damit etwas anders um. Hier ein paar Tipps dazu:

- Android kann wie ein PC mehrere Programme gleichzeitig ausführen. Während eine App läuft, können Sie einfach weitere starten. Die bisherige läuft im Hintergrund weiter, und Sie können später dorthin zurückkehren.
- Sie brauchen Apps im Allgemeinen nicht zu beenden. Sie können die Zurück-Taste antippen, bis vom Programm nichts mehr zu sehen ist.

- Sie können aber genauso direkt zum Startbildschirm zurückkehren oder mit einer anderen App weitermachen. Die nicht mehr benötigte App verbleibt zwar noch im Speicher, wird aber vom System automatisch entladen, sobald der Platz für andere Apps benötigt wird.
- Ein ausdrückliches Speichern von erstellten Inhalten ist in der Regel nicht erforderlich. Eine sauber programmierte App sorgt automatisch dafür, dass nichts verloren gehen kann.

Hintergrund: So verwaltet Android den Arbeitsspeicher

Bei Android kümmert sich das Betriebssystem sehr effektiv um den Arbeitsspeicher, sodass Sie selbst keinen Gedanken daran verschwenden müssen. Machen Sie mit Ihrem Smartphone einfach, was gerade anliegt. Sie brauchen nichts zu schließen, zu speichern, zu beenden – das alles erledigt Android ganz automatisch. Das Grundprinzip dabei ist einfach: Jede gestartete App bleibt solange wie möglich im Arbeitsspeicher. Ist der Speicher voll und es soll eine weitere App gestartet werden, wird die älteste (= die am längsten ungenutzte App) aus dem Speicher verbannt.

Apps ausdrücklich beenden

Keine Regel ohne Ausnahme: Bei Apps, die laufend Datenverbindungen nutzen oder viel Energie verbrauchen, kann es sinnvoll sein, diese ausdrücklich zu beenden, wenn sie nicht mehr benötigt werden. Das spart Strom und Verbindungskosten. In den meisten Fällen reicht hierzu die Zurück-Taste am Gerät, um die entsprechende Funktion der App abzubrechen oder die App insgesamt zu beenden. Weitere Hinweise zum Beenden von Apps finden Sie auf Seite 84.

Apps in den Hintergrund schicken und später weiternutzen

Aufgrund der beschriebenen Speicherverwaltung von Android ist es einfach, eine App vorübergehend in den Hintergrund zu schicken und später damit weiterzuarbeiten:

1. Wenn eine Anwendung im Hintergrund weiterlaufen soll, lassen Sie diese App einfach, wie sie ist. Verwenden Sie NICHT die Zurück-Taste, um die App zu verlassen!

2. Nutzen Sie das Startmenü, ein Symbol auf dem Startbildschirm oder eine beliebige andere Methode, um eine weitere App zu starten.

3. Um später zur ursprünglichen App zurückzukehren, rufen Sie diese einfach erneut auf. Da die App noch im Speicher geladen ist, kehren Sie direkt zu dem Punkt zurück, an dem Sie sie verlassen haben.

Diese Methode funktioniert mit einer Einschränkung: Wenn Sie zwischenzeitlich mehrere Apps starten, Telefonate führen, SMS schreiben usw., reicht der Speicher eventuell nicht aus, und Android entlädt die ursprüngliche Anwendung automatisch. In dem Fall wird sie durch den späteren erneuten Aufruf neu gestartet.

Zu kürzlich gestarteten Apps schnell zurückkehren

Android bietet eine praktische Abkürzung, die zuletzt gestarteten Apps und Funktionen schnell erneut zu erreichen:

1 Bei neueren Android-Versionen gibt es dafür ein eigenes Verlaufssymbol in der Steuerleiste. Bei älteren Android-Versionen halten Sie die Home-Taste Ihres Smartphones länger gedrückt.

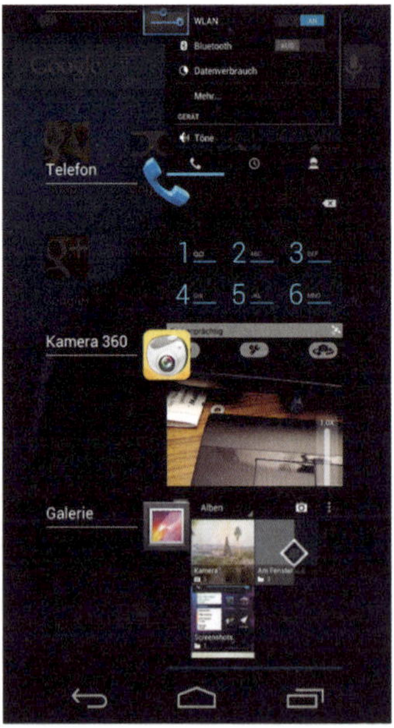

2 Android zeigt dann eine Liste der zuletzt aufgerufenen Apps an. Tippen Sie auf diejenige, mit der Sie weiterarbeiten möchten. Wichtig: Sie können die Liste mit dem Finger „herunterwischen“, um ältere Einträge anzuzeigen!

3 Befindet sich die App noch im Speicher, kehren Sie direkt zu der Stelle zurück, an der Sie die App verlassen hatten. Andernfalls wird sie neu gestartet.

Um ein häufiges Missverständnis zu vermeiden: Die angezeigten Apps befindet sich nicht zwangsläufig noch im Arbeitsspeicher. Android zeigt einfach nur die sechs zuletzt aufgerufenen Apps an. In vielen Fällen sind diese Apps aber tatsächlich noch im Speicher, sodass sich diese Abkürzung gut eignet, Apps aus dem Hintergrund wieder nach vorn zu holen.

Texteingabe: So tippen Sie schneller und besser

Ein Smartphone lässt sich per Touchscreen bequem bedienen – solange, bis es an das Eingeben von Text geht. Da wird es schwieriger, sofern Sie nicht eines der eher seltenen Geräte verwenden, die eine ausziehbare Tastatur haben. Ansonsten sind Sie auf die virtuelle Tastatur angewiesen, die sich mit etwas Gewöhnung und ein paar Tricks aber auch gut bedienen lässt.

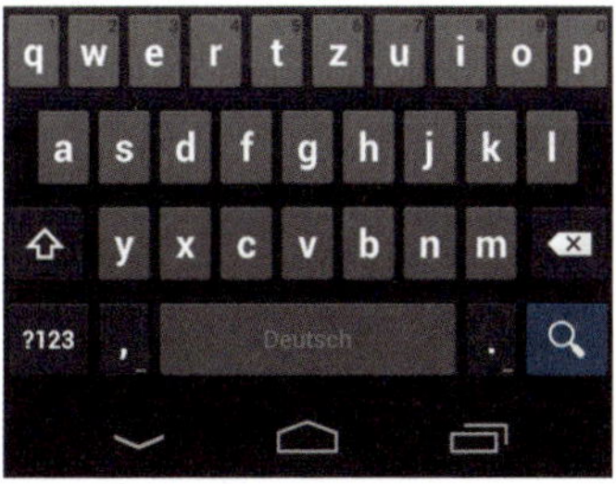

1 Wann immer Sie mit dem Finger auf ein Eingabefeld tippen, blendet Android automatisch die virtuelle Tastatur ein.

2 Mit der Taste unten links wechseln Sie zwischen Buchstaben- und Zahlenmodus, wobei Letzterer auch zahlreiche Satz und Sonderzeichen ermöglicht.

3 Wenn Ihnen die Tastatur zu eng ist und Ihr Smartphone automatisch die Orientierung wechseln kann, dann drehen Sie es an der Stelle einfach mal quer.

4 Die virtuelle Tastatur schaltet dann ins Querformat, wo zwar nicht mehr viel von der App zu sehen ist, aber dafür hat die Tastatur umso mehr Platz. So tippt es sich viel angenehmer und treffsicherer.

5 Sind Sie mit der Eingabe fertig, tippen Sie auf *Los* bzw. *Weiter*. Oder Sie drehen das Smartphone zurück und gelangen so – mit eingegebenem Text – in die ursprüngliche Ansicht zurück.

Tipp: Umlaute tippen

Um Umlaute wie ä, ö, ü oder ß einzutippen, tippen Sie länger auf den dazugehörenden Grundbuchstaben, also a, o, u bzw. s. Dann blendet Android einen Minidialog ein, in dem Sie unter mehreren Varianten des Grundbuchstabens den benötigten Umlaut auswählen können.

Swype – wischen statt tippen

Bei der Swype-Eingabemethode tippen Sie nicht die einzelnen Buchstaben an, sondern führen den Finger vom ersten Buchstaben ab ständig auf dem Touchscreen zu den weiteren Zeichen. Aus dem so entstehenden Bewegungsmuster erkennt das Programm das Wort. Viele neuere Android-Smartphones verfügen von Hause aus über diese Technologie. Andernfalls kann sie per App aus dem Play Store nachgerüstet werden, z. B. mit der ähnlichen App SlideIT.

1 Auch bei Swype und Co. tippen Sie zunächst auf das Eingabefeld, damit die virtuelle Tastatur eingeblendet wird.

2 Setzen Sie nun die Fingerspitze auf den ersten Buchstaben des Wortes, z. B. *e* für E-Mail.

3 Lassen Sie den Finger auf dem Touchscreen und ziehen Sie nun auf die Taste für *m*. Es ist am Anfang einfacher, auf den einzelnen Tasten kurz zu verharren, aber im Prinzip kann es in einer flüssigen Bewegung direkt weitergehen.

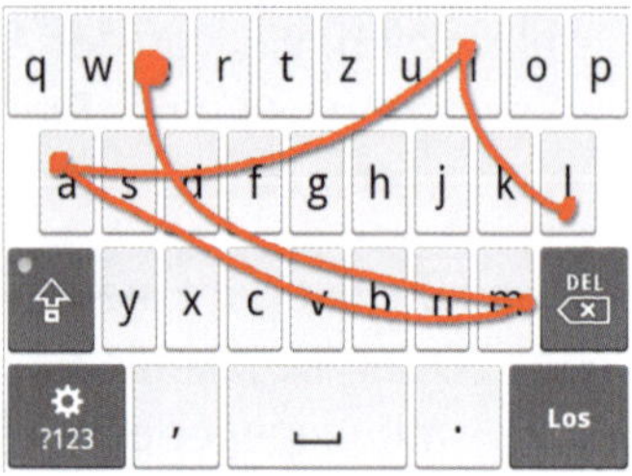

4 Ziehen Sie die Fingerspitze dann weiter auf *a*, dann *i*, dann *l*.

5 Nehmen Sie die Fingerspitze nun vom Touchscreen.

Alternative Eingabemethoden wählen

Sie können auf Ihrem Android-Smartphone mehrere Eingabemethoden parallel nutzen, also z. B. mal die einfache Tipp-Tastatur, mal Swype oder auch noch weitere Tastatur-Apps. Welche standardmäßig zum Zuge kommt, legen Sie in den Einstellungen fest (*Sprache und Eingabe*). Sie können aber auch bei jeder Eingabe neu entscheiden:

1 Während die Tastatur aktiv ist, finden Sie oben in der Kopfleiste des Smartphones ein Symbol dafür.

2 Ziehen Sie die Kopfleiste nach unten und tippen Sie auf *Eingabemethode wählen*.

3 Dadurch wird ein Auswahldialog angezeigt, wo Sie in einer Liste der verfügbaren Eingabemethoden Ihren Favoriten wählen können.

4 Anschießend startet direkt die entsprechende Tastatur, und Sie können loslegen.

Tipp: Tastatur ein- und ausblenden

Sie können die virtuelle Tastatur jederzeit nach Bedarf ein- und ausblenden. Halten Sie dazu die Menü-Taste gedrückt, bis die Tastatur verschwindet bzw. erscheint – je nachdem.

Kopieren & einfügen – So funktioniert es bei Android

Auch wenn man es am Smartphone eher selten braucht, ist es doch hin und wieder ganz praktisch: Inhalte aus einer Anwendung kopieren und in eine andere einfügen. Ganz so global wie z. B. bei Windows funktioniert es bei Android nicht. Aber an den entscheidenden Stellen steht Ihnen diese Funktion zur Verfügung.

Inhalte kopieren

Bei Anwendungen wie Webbrowser oder E-Mail-Programm können Sie bei Bedarf in einen Textauswahlmodus umschalten:

1 Wenn der zu kopierende Text auf dem Bildschirm angezeigt wird, tippen Sie lange mit einem Finger darauf.

2 Dadurch wird der Text unmittelbar unter Ihrem Finger markiert und mit Markierungen am Anfang und am Ende versehen.

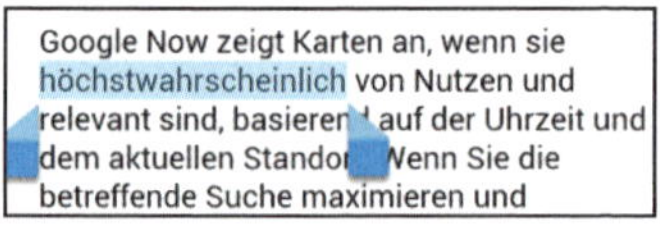

3 Ziehen Sie nun mit Ihrem Finger die Anfangs- und Endmarkierungen zum Beginn bzw. zum Ende des auszuwählenden Textes, sodass genau der gewünschte Text markiert wird.

4 Öffnen Sie dann oben rechts das Kontextmenü und wählen Sie dort *Kopieren*. Der markierte Text wird automatisch in die Zwischenablage übertragen.

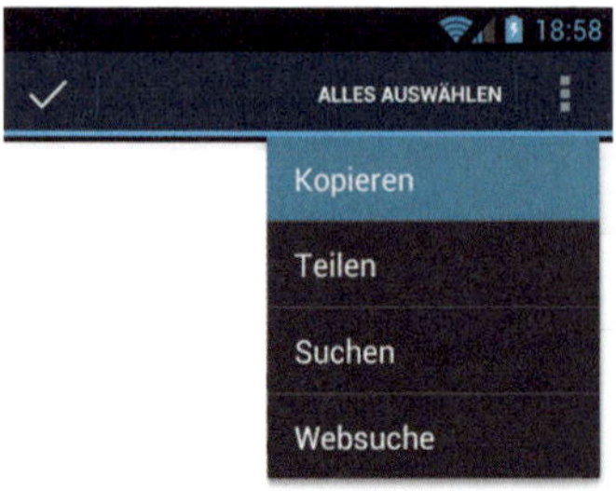

Text auf dem aktuellen Eingabefeld kopieren oder ausschneiden

Auch das aktuell gewählte Eingabefeld und dessen Inhalt können mit der Zwischenablage zusammenarbeiten:

1. Tippen Sie zu einem beliebigen Zeitpunkt lang auf das Eingabefeld.
2. In der so eingeblendeten Symbolleiste können Sie verschiedene Bearbeitungsfunktionen wählen, z. B. diejenigen für alles auswählen, ausschneiden oder kopieren.

3. Möchten Sie einen Teil des Textes in die Zwischenablage übernehmen, tippen Sie wiederum zunächst lange auf diesen Text.
4. Nun wird der gesamte Inhalt des Eingabefeldes markiert. Sie können die Markierungen mit dem Finger verschieben, um die Auswahl auf einen bestimmten Teil zu verkleinern.
5. Wählen Sie dann z. B. das Kopierensymbol in der Symbolleiste, um nur den markierten Text in die Zwischenablage zu übernehmen.

Den Inhalt der Zwischenablage können Sie in beliebige Eingabefelder einfügen:

1. Soll der Inhalt bereits vorhandenem Text hinzugefügt werden, platzieren Sie die Einfügemarke durch gezieltes kurzes Tippen an der gewünschten Stelle.
2. Tippen Sie lang auf das Eingabefeld.

3 Tippen Sie auf das so angezeigte Dialogfeld *Einfügen*.

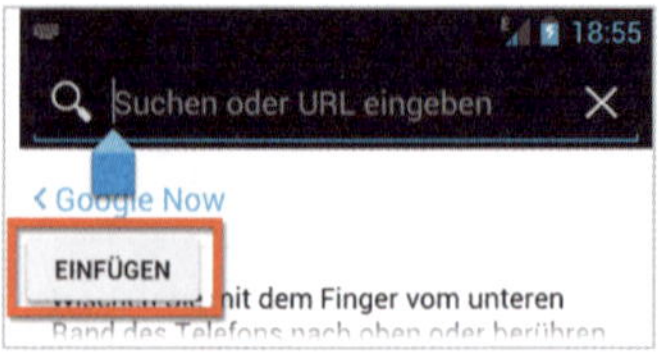

4 Der komplette Inhalt der Zwischenablage wird an der aktuellen Stelle eingefügt.

Entsperren Sie Ihr Smartphone mit einem Blick

Ab Version 4.1 bietet Android die Möglichkeit, Ihr Smartphone anstelle einer PIN oder Wischgeste mit Ihrem Gesicht zu entsperren. Dazu brauchen Sie einfach nur auf den Bildschirm zu schauen, und eine Gesichtserkennungs-Software stellt fest, ob Sie der Besitzer dieses Geräts sind. Mit etwas Training der Software klappt das recht zuverlässig.

1 Öffnen Sie die Einstellungen und dort im Bereich *Nutzer* den Punkt *Sicherheit*.

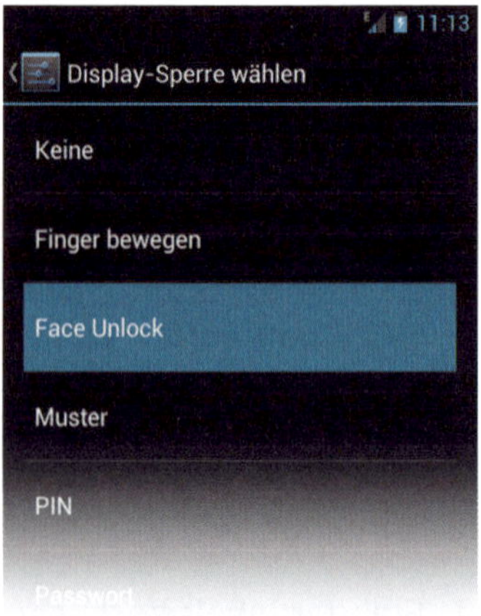

2 Tippen Sie im anschließenden Menü auf *Bildschirmsperre*.

3 Wählen Sie dann als Display-Sperre die Option *Face Unlock*.

4 Bestätigen Sie dann den Sicherheitshinweis und beginnen Sie das *Einrichten*.

5 Folgen Sie den Anweisungen und begeben Sie sich ggf. an einen Ort mit ausreichender Beleuchtung. Halten Sie das Gerät in Augehöhe vor sich und tippen Sie auf *Weiter*.

6 Schauen Sie dann auf das Display und richten Sie es so aus, dass Ihr Gesicht möglichst vollständig die ovale Öffnung abdeckt.

7 Warten Sie nun einfach ab, bis die Software Ihr *Gesicht erkannt* hat und tippen Sie dann auf *Weiter*.

8 Wählen Sie nun eine Alternative, falls die Gesichtserkennung nicht funktionieren sollte (z. B. wenn die Umgebung dafür nachts zu dunkel ist). Dann können Sie das Smartphone stattdessen per Wischmuster oder PIN entsperren.

Damit hat Ihr Smartphone gelernt, wie Sie aussehen. Ab sofort brauchen Sie zum Entsperren nur auf das Display zu schauen und Ihr Gesicht wiederum in dem sichtbaren Oval zu platzieren. Erkennt die Software Sie wieder, wird das Gerät entsperrt. Klappt das nach einigen Sekunden nicht, wechselt das System automatisch zur gewählten alternativen Entsperrmethode.

Die Gesichtserkennung trainieren

Beim Aktivieren der Gesichtserkennung hat Android Ihr Gesicht einmal erfasst und gelernt. Allerdings wird die Wiedererkennung vielleicht nicht immer zuverlässig gelingen, weil Sie in anderem Licht, mit anderer Frisur, Bart oder Brille eben gleich anders wirken. Deshalb können Sie die Gesichtserkennung trainieren und ihr weitere Varianten Ihres Konterfeis beibringen, um in allen Situationen zuverlässig erkennt zu werden.

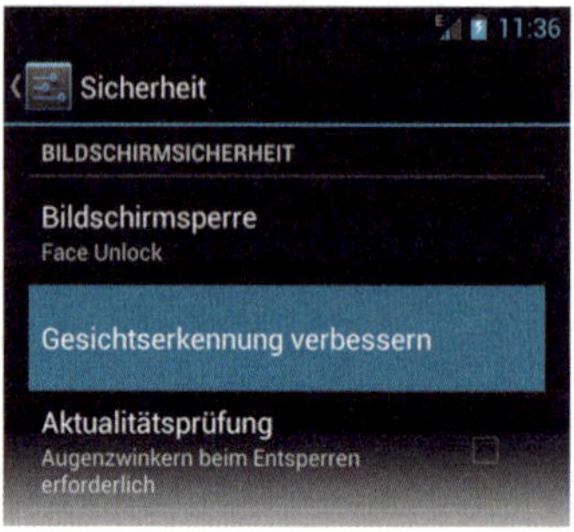

1 Öffnen Sie dazu erneut die Einstellungen für die *Sicherheit*. Ist *Face Unlock* aktiviert, finden Sie hier zusätzlich den Menüpunkt *Gesichtserkennung verbessern*.

2 Weisen Sie sich dazu zunächst mit der hinterlegten PIN oder Wischgeste aus (eine Schutzfunktion, damit niemand hinter Ihrem Rücken die Gesichtserkennung manipulieren kann).

3 Tippen Sie dann auf *Weiter* und wiederholen Sie die Gesichtserkennung so am besten unter verschiedenen Lichtbedingungen (drinnen, draußen, Kunstlicht, mit oder ohne Brille, mit oder ohne Bart usw.).

4 Wiederholen Sie dieses Training beliebig oft, bis das Entsperren per *Face Unlock* völlig reibungslos funktioniert.

Tethering: die Onlineverbindung des Smartphones am Notebook nutzen

Wenn Ihr Smartphone über eine schnelle und günstige mobile Datenverbindung verfügt, können Sie diese z. B. an ein Notebook weitergeben. Dieses verbindet sich z. B. per WLAN oder USB-Kabel mit dem Smartphone und nutzt dessen Internetverbindung mit. Android bringt die Software dafür ab Version 2.2 mit. Bei vielen älteren Geräten ist Tethering mit einer kostenlosen App wie z. B. PdaNet möglich.

Hinweis: Tethering ist nicht immer zulässig

Tethering wird von den Mobilfunkanbietern teilweise ausdrücklich untersagt und unterbunden bzw. mit Zusatzkosten belegt. Vergewissern Sie sich deshalb vorher, ob Sie diese Funktion nutzen dürfen bzw. ob dadurch zusätzliche Kosten entstehen.

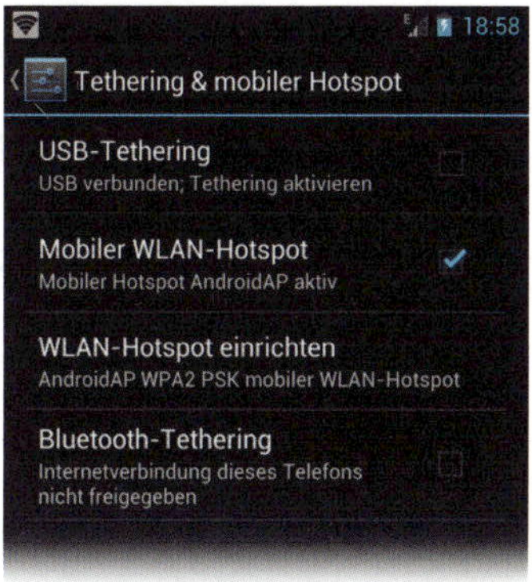

1 Öffnen Sie in den *Einstellungen* im Bereich *Drahtlos & Netzwerk* den Punkt *Tethering & mobiler Hotspot*.

2 Tippen Sie im anschließenden Menü auf *Mobiler WLAN-Hotspot*.

3 Tippen Sie dann auf *WLAN-Hotspot einrichten*.

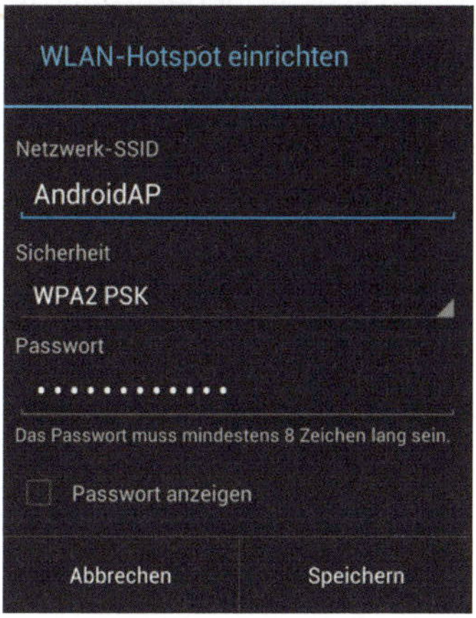

4 Wählen Sie dann einen Namen für das Mini-WLAN-Netzwerk aus, legen Sie den zu verwendenden Sicherheitsstandard sowie das Passwort dafür fest.

5 Tippen Sie auf *Speichern*.

6 Das Smartphone bietet nun einen WLAN-Zugang an, den Sie mit dem WLAN-Empfänger Ihres Notebooks finden und nutzen können. Geben Sie dazu am Notebook die zuvor festgelegten Zugangsdaten ein.

WLAN-Tethering ist am praktischsten und einfachsten einzurichten. Alternativ geht es auch per USB, wobei das Kabel eventuell stört, dafür aber auch gleich das Smartphone lädt. Wenn das Notebook/Netbook dies unterstützt, ist auch Bluetooth-Tethering eine sinnvolle Variante, da diese Funktechnik wesentlich weniger Strom verbraucht als WLAN.

Einen echten Dateimanager installieren

Was vielen Android-Smartphones von Hause aus fehlt, ist ein Dateimanager, der den freien Zugriff auf Ordner und Dateien erlaubt. Erstaunlicherweise gehört der nicht zum Standardumfang des Android-Betriebssystems. Im Play Store finden sich aber verschiedene Apps, die diese Lücke füllen. Alle haben ihre Stärken und Schwächen, sodass sich das Ausprobieren lohnt. Ein guter Start ist der ASTRO File Manager.

- Im Wesentlichen zeigt der Dateimanager Ihnen die Ordner und Dateien im Speicher Ihres Smartphones an.
- Um einen Ordner oder eine Datei zu öffnen, tippen Sie einfach kurz darauf.
- Alternativ können Sie einen Eintrag auch lange antippen, um ein Menü mit Bearbeitungsoptionen für dieses Objekt zu öffnen.

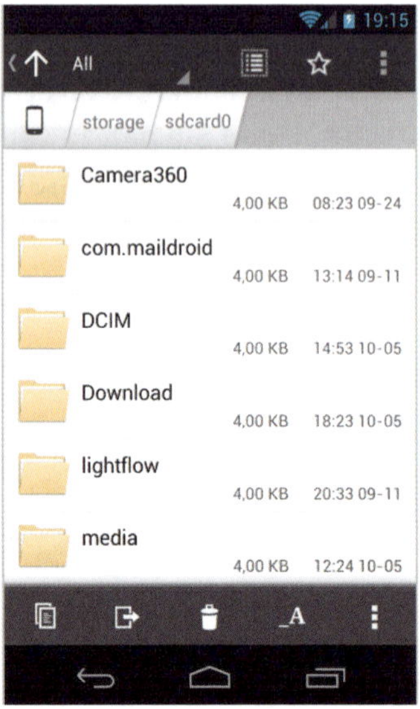

- Unten finden Sie eine Leiste mit allgemeinen Funktionen. Hier können Sie z. B. die Sortierung und Ansicht steuern, Einstellungen öffnen oder einfach vor und zurück navigieren.
- Noch weitere Funktionen und Tools finden Sie, wenn Sie Wischgesten nach links oder rechts ausführen und so weitere Funktionen der App einblenden.

Taschenlampe in der Not: So leuchtet Ihr Smartphone Ihnen heim

Viele Smartphones verfügen über eine eingebaute Kamera mit einem hellen LED-Licht als Blitzersatz. Findige Entwickler sind darauf gekommen, dass man dieses LED-Licht auch unabhängig von der Kamera nutzen kann, z. B. als kleine Taschenlampe im Notfall.

1. Suchen Sie im Play Store nach dem Stichwort „Taschenlampe“, dann finden Sie diverse kostenlose Apps für diesen Zweck.
2. Mein Tipp: Tiny Flashlight + LED. Diese App installiert zusätzlich ein Widget, mit dem Sie sich einen „Taschenlampenknopf“ direkt auf den Startbildschirm legen können.

3. Wenn Sie eine Taschenlampe benötigen, tippen Sie in diesem Fall einfach auf den Widget-Knopf. Dann aktiviert die App die eingebaute LED.
4. Zum Wiederausschalten einfach nochmals tippen. Ganz wie bei einer richtigen Taschenlampe.

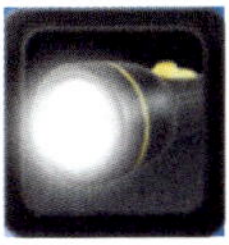

Tipp: Taschenlampe auch ohne LED

Selbst wenn Ihr Smartphone keine LED hat, können Sie solche Apps nutzen. Viele bieten als Alternative die Möglichkeit, vorübergehend einen komplett weißen Bildschirm anzuzeigen. Der ist dann so hell, dass er durchaus als kleine Notfallbeleuchtung taugt.

Carfinder: auch in fremden Städten immer problemlos den Parkplatz wiederfinden

Das Thema Navigation wird in Kapitel 7 ausführlicher behandelt, aber auch wer nicht gleich in diesen komplexen Themenbereich einsteigen will, kann von der Kombination von GPS-Empfänger und mobilem Internetzugang ganz einfach profitieren. Verschiedene Apps unter den Suchbegriff „Carfinder" sorgen dafür, dass Sie selbst in fremden Städten jederzeit schnell zum geparkten Fahrzeug zurückfinden.

1. Wenn Sie das Auto (oder auch das Hotel, den Bahnhof usw.) verlassen, starten Sie die Carfinder-App.
2. Tippen Sie auf *Save Location*. Danach können Sie die App wieder beenden.
3. Wollen Sie zum Parkplatz zurückkehren, starten Sie die App erneut und wählen diesmal *Find my Car*. Die App zeigt Ihnen dann eine Karte und darauf Ihre aktuelle Position sowie den gemerkten Parkplatz an. So finden Sie schnell den Weg zurück.

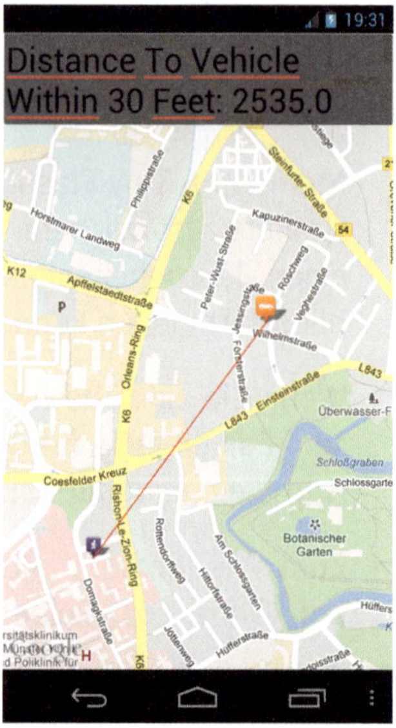

Der Schnell-Überblick

- Android kümmert sich selbst effektiv um die Speicherverwaltung. Apps müssen deshalb nicht ausdrücklich beendet werden. Wechseln Sie einfach zur nächsten Funktion oder Anwendung. Wenn der Speicher knapp wird, entlädt Android automatisch die am längsten ungenutzte App.
- Wann immer Sie ein Texteingabefeld antippen, wird automatisch die virtuelle Tastatur eingeblendet, mit der Sie direkt auf dem Touchscreen tippen können. Wenn Sie das Smartphone quer halten, wird die Tastatur breiten und größer und lässt sich bequemer nutzen.
- Neben dem einfachen Tippen gibt es alternative Eingabemethoden wie etwa Swype oder Slide, bei der Sie einfach über die Buchstaben eines Wortes gleiten. Anhand des dabei entstehenden Bewegungsmusters erkennt das Programm das eingegebene Wort.
- Sie können mehrere Eingabemethoden installieren und parallel verwenden. Wenn Sie eine andere als die voreingestellte verwenden möchten, tippen Sie lange auf das Eingabefeld, bis ein Auswahldialog angezeigt wird.
- Kopieren und Einfügen ist auch bei Android-Smartphones möglich. Apps wie Webbrowser oder E-Mail-Anwendungen lassen sich in einen Textauswahlmodus versetzen, in dem Sie durch Fingerwischen einen Teil des Textes markieren. Dieser wird automatisch in die Zwischenablage kopiert.
- Mit langem Tippen auf ein Eingabefeld zeigen Sie einen Dialog an, in dem Sie *Einfügen* auswählen können, wenn die Zwischenablage Text enthält.

- Wenn Sie Ihr Smartphone häufiger im Auto verwenden möchten, sollten Sie den Automodus ausprobieren. Er stellt eine besonders leicht zu bedienende Oberfläche für die wichtigsten Funktionen während der Fahrt dar.
- Ein Note- oder Netbook kann die mobile Datenverbindung Ihres Smartphones als Internetzugang nutzen. Mit Tethering errichtet das Smartphone ein eigenes WLAN, in dem sich der andere PC anmelden kann. Ab Android 2.2 gehört diese Funktion zum Standardlieferumfang, vorher kann sie durch Apps nachgerüstet werden.
- Für den direkten Zugriff auf die Ordner und Dateien Ihres Smartphones benötigen Sie einen Dateimanager. Standardmäßig ist der bei Android nicht dabei, aber im Play Store findet sich eine gute Auswahl entsprechender Apps mit verschiedenen Schwerpunkten.
- Das Smartphone erspart die Taschenlampe im Handschuhfach. Spezielle Apps nutzen die eingebaute Foto-LED oder auch einen kompletten weißen Bildschirm, um die notwendige Helligkeit zu erzeugen.
- Praktische Anwendung bei Orientierungsproblemen: Eine spezielle Carfinder-App merkt sich den Parkplatz des Autos sowie ggf. die Ablaufzeit der Parkgebühr. So finden Sie später problemlos zurück zum Wagen und ersparen sich Knöllchen fürs Überziehen.